Mein Tagebuch in Serbien

1. April 1915-1. Nov. 1915

Monica M. Stanley

Writat

Diese Ausgabe erschien im Jahr 2024

ISBN: 9789359944043

Herausgegeben von
Writat
E-Mail: info@writat.com

Inhalt

VORWORT

Das tapfere Serbien wurde in seiner Stunde der Not von den Frauen Englands nicht vergessen. Denn die Women's Imperial Service League unter der Leitung von Mrs. St. Clair Stobart ging unter der Schirmherrschaft des Serbian Relief Fund nach Serbien, nachdem sie in Antwerpen und danach in Cherbourg schwere Arbeit geleistet hatte. Mrs. Stobart entschied, dass unser Krankenhaus ein Feldlazarett sein sollte, da im Land Typhus und andere Fieber grassierten.

Wir reisten am 1. April 1915 mit dem Transportschiff *Saidieh der Admiralität* nach Saloniki ab. Das Personal bestand aus Mrs. St. Clair Stobart als Direktorin, Mr. JH Greenhalgh als Schatzmeister, einer Sekretärin, sieben Ärztinnen, achtzehn ausgebildeten Krankenschwestern, vier ausgebildeten Köchen, einer Apothekerin, einem Gesundheitsinspektor, einem englischen Kaplan und vierzehn Pflegern, von denen einige Chauffeure waren.

Das Feldlazarett war perfekt ausgestattet; wir hatten alles mitgenommen. Wir hatten über sechzig Zelte, 300 Betten mit allem, was sie brauchten; Ballen mit Kleidung für Verwundete und die Zivilbevölkerung; die Küchenausstattung mit vier ausgezeichneten Kochherden mit Öfen; mehrere tragbare Boiler für heißes Wasser; große Tanks für kaltes Wasser; Wäschereiausrüstung; medizinische Vorräte; über 300 Pfund an Nahrungsmitteln; Röntgengeräte; alle Hygieneartikel; Krankenwagen. Unser Feldlazarett sollte in Kragujevatz sein; die Zelte waren bald aufgestellt und gut eingerichtet.

Wir hatten folgende Zelte: eines für Röntgen und Operationssaal, eines für den Empfang der Patienten, ein großes Messezelt für Patienten und eines für das Personal, eines für Wäsche, zwei Küchen – eine für Patienten und eine für das Personal, eine Krankenstation, Lebensmittelvorräte, ein Freizeitzelt für das Personal und eines für die Ärzte, Toiletten- und Badezelte, der Rest waren Krankenstationen und Schlafplätze für das Personal. Unser Krankenhaus war bald voll. Ich war Leiter der Küchenabteilungen und kümmerte mich um die Verpflegung und die Lebensmittelvorräte. Ich war mit meinem Personal sehr zufrieden, obwohl die Arbeit hart und die Arbeitszeiten lang waren, aber wir wussten, dass wir unseren Landsleuten etwas Gutes taten.

Mrs. Stobart und die Ärzte stellten fest, dass die Zivilbevölkerung aufgrund des Krieges schrecklich litt, da es einen Mangel an Ärzten und keine geeigneten Krankenhäuser gab, in die man sie schicken konnte. Da wir versuchten, alle Krankheiten auszurotten, bevor die Kämpfe wieder begannen, wurde beschlossen, dass wir einige Ambulanzen am Straßenrand und ein Zivilkrankenhaus für die schlimmsten Fälle einrichten sollten. Es wurde vereinbart, dass Dr. May nach England zurückkehren sollte, um Geld für weitere Ausrüstung zu sammeln. Wir wollten auch mehr Ärzte, Krankenschwestern und Köche. Es dauerte nicht lange, bis alles vorhanden war. Sieben Ambulanzen wurden eröffnet und in relativ kurzer Zeit wurde hervorragende Arbeit geleistet. An den meisten Tagen besuchten über hundert Menschen die Ambulanzen und über elftausend der armen, leidenden Bevölkerung wurden bald von ihren Schmerzen und Leiden befreit.

MONICA M. STANLEY.

SERBIENS GROSSE NOT

Mrs. St. Clair Stobart sollte mit Mr. Greenhalgh, Ärzten, Krankenschwestern und Pflegern am Samstag, dem 27. März, nach Serbien aufbrechen. Am Freitag traf sich die Einheit in der St. James Street 39, um Fotos machen zu lassen, und um 16.30 Uhr fand ein Gottesdienst in St. Martin's-in-the-Field statt, der von Reverend Percy Dearmer geleitet wurde. Wir hatten zwei Hymnen, eine nette Ansprache; es wurde eine Kollekte von etwas über 12 £ für unsere Einheit eingeholt. Nach dem Gottesdienst gingen wir zu einem Abschiedstee bei Lady Cowdray, Carlton Terrace 16. Lady Muir Mackenzie und mehrere andere von der Women's Imperial Service League waren dort. Sir T. Lipton, der gerade nach Hause gekommen war, erzählte uns von seinen Erlebnissen in Serbien mit all den Schrecken und Nöten. Lady Cowdray überreichte der Einheit als Abschiedsgeschenk jeweils eine Thermoskanne. Lady Muir Mackenzie schenkte jedem einen Tommy's-Kocher, den ich sehr nützlich fand. Wir hörten, dass die Admiralität unsere Einheit erneut zurückgestellt hatte und dass die Hälfte von uns erst am folgenden Mittwoch oder Donnerstag abreisen konnte. Am darauffolgenden Montag erhielten wir von Mrs. Stobart den Befehl, dass neunzehn von uns am 1. April mit ihr abreisen würden (die Abteilungsleiter mit einem oder zwei weiteren Mitgliedern). Wir hörten auch, dass Dr. und Mrs. Dearmer mit uns gingen, ersterer als Kaplan, um die Kranken und Verwundeten zu besuchen, und seine Frau als Ordonnanz unserer Einheit.

MEIN TAGEBUCH IN SERBIEN

Donnerstag, 1. April 1915.

Neunzehn Mann der Einheit brachen nach Serbien auf. Wir trafen uns um 9.30 Uhr am Bahnhof Euston. Der Zug fuhr um 10.30 Uhr nach Liverpool. Wir wurden von vielen Freunden verabschiedet. Die gesamte Ausrüstung für unser Feldlazarett war am Samstag zuvor mit der *Torcello* von den East Indian Docks mit dem Transportschiff der Admiralität abtransportiert worden. Wir nehmen 63 Zelte mit; die großen bieten Platz für 15 bis 20 Patienten. Wir haben 300 Betten und alle anderen Ausrüstungsgegenstände, um ein Krankenhaus einzurichten, sowie Lebensmittel im Wert von über 300 Pfund.

Die gesamte Einheit trägt eine dunkelgraue Uniform mit großen Taschen, was sie äußerst nützlich macht, und dazu schöne, passende Hüte.

Wir kamen am Donnerstag um 14.30 Uhr in Liverpool an und holten dann unser Gepäck ab. Jeder von uns durfte einen Handgepäckkoffer und eine Reisetasche mitnehmen.

Als wir die Docks erreichten, bestiegen wir das Boot *Saidieh* nach Saloniki. Wir verließen die Docks um 10 Uhr und lagen bis Karfreitag ab 20.30 Uhr im Hafen. Wir hörten, dass wir aufgrund von Nachrichten an den Kapitän nicht früher abreisen konnten. Die Nacht zum Freitag war schön und ruhig, aber ich zog meine Kleider nicht aus und konnte nicht schlafen, weil ich nachdachte und mich fragte, ob uns irgendeine Gefahr drohen könnte. Die *Saidieh* ist ein scheußliches Boot, überhaupt nicht sauber, und die sanitären Einrichtungen sind furchtbar. Es ist ein griechisches Boot von etwa 3.000 Tonnen; es transportiert normalerweise Post und Fracht von und nach Griechenland und Konstantinopel. Bis zum St. Georgskanal war das Wetter gut; von der Irischen See aus konnten wir Irland sehen; aber es wurde ziemlich neblig, Seenebel kam auf und das Horn ertönte ununterbrochen.

Samstag, 3. April 1915.

Das Wetter wird weiterhin stürmisch, das Boot rollt furchtbar; die meisten Passagiere werden krank, also kommen immer weniger zum Essen. Mittags gab der Kapitän bekannt, dass kein Passagier nachts seine Kleidung ausziehen dürfe und dass um 3 Uhr auf dem Oberdeck Station gemacht werde; das klang überhaupt nicht schön. Um 3 Uhr gingen wir alle an Deck und bekamen Karten für die Rettungsboote für den Fall der Gefahr. Vierzehn von uns hatten Karten für Boot Nr. 1, zwei für Nr. 3 und drei für Nr. 6. Zuerst wurden wir fast alle getrennt, aber ich schaffte es, unsere

Karten umzutauschen. Mrs. Stobart war erfreut, da es natürlich schöner war, wenn alle zusammen waren. Anscheinend waren wir in großer Gefahr, bis wir die Scilly-Inseln passierten. Samstagabend waren wir eine sehr kleine Gruppe zum Abendessen. Es sind ungefähr 150 Passagiere an Bord, alle Einheiten fahren in verschiedene Teile Serbiens. Wir haben einige von Dr. Berrys Einheit; Die Einheit von Herrn Wynch hieß „British Farmers", weil die Bauern das Geld dafür sammelten.

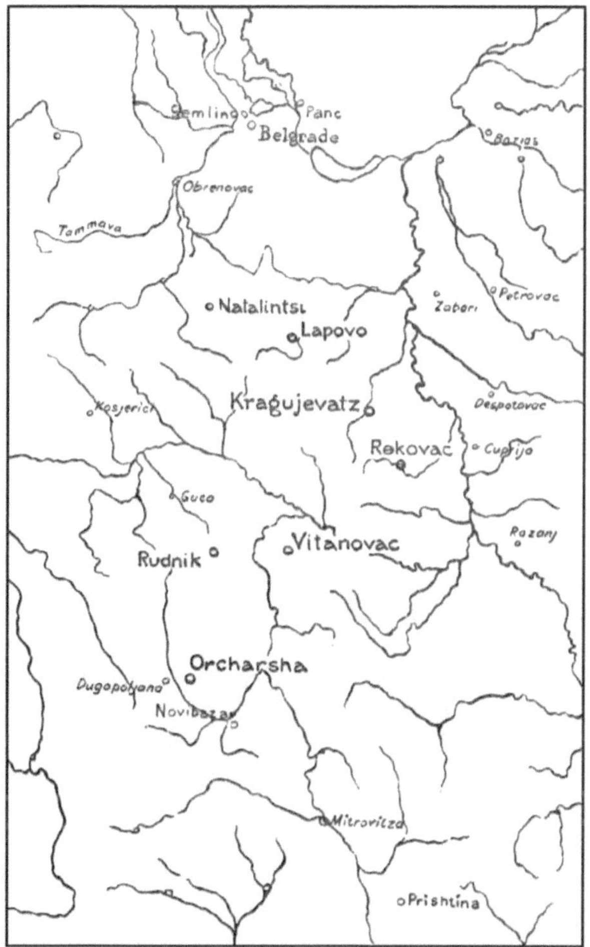

Karte mit der Position der Feldapotheken von Mrs. Stobart.

Ich vergaß zu erwähnen, dass wir am Karfreitag einen kurzen Gottesdienst hatten, der von Mr. Wynch geleitet wurde; wir hatten die Hymne für die Seeleute. Es gibt Dr. Bevis' Einheit, eine russische, und die anderen Einheiten sind die verwundeten Alliierten und Admiral Trowbridges Einheit.

Samstagabend spielten einige von uns Bridge, zwei Ärzte, eine Krankenschwester und ich.

Sonntag, Ostersonntag, 4. April 1915.

Fast jeder Passagier war schrecklich krank; nur etwa zehn Leute zum Frühstück. Das Boot schlingert ganz schrecklich. Es gab keinen Gottesdienst. Ein schrecklicher Ostersonntag. Ich werde ihn nie vergessen. Ich war den ganzen Tag beschäftigt. Am Nachmittag war die einzige von unserer Einheit, die noch übrig war, vom Schlaf überwältigt und musste sich ausruhen. Der Kapitän sagte, wer nicht krank sei, könne sich als guter Seemann betrachten. Ich bin mehr als froh, dass ich nicht krank war. Wir haben eine sehr schlimme Überfahrt; jede Minute denke ich, unser Ende naht. Ich war noch nie in einem so schrecklichen Boot. Wir haben keine Stewardessen, nur Stewards, und sie sind Afrikaner – alle schwarz. Der Kapitän ist Engländer und der erste und zweite Maat Griechen.

Die anderen dreißig unserer Einheit sind heute abgereist; sie fahren von Folkestone nach Boulogne und von dort mit dem Zug nach Marseille, wo sie ein weiteres Schiff nach Saloniki nehmen. Da wir einen Tag später abreisen, werden sie möglicherweise vor uns in Saloniki ankommen.

Montag, 5. April 1915.

Wir sind immer noch ganz schön hin- und hergeworfen. Ich habe meine Koje aufgegeben und schlafe an Deck. Die Geräusche in der Nacht sind furchtbar, alle möglichen Dinge fallen und zerbrechen. Am Samstagabend bin ich um 2.30 Uhr aufgesprungen; ich dachte, unser Ende sei gekommen. Ich ging herum, um zu sehen, was passiert war; das Gepäck lag überall verstreut herum. Ich habe die letzten beiden Nächte im Speisesaal geschlafen. Der Kapitän hat uns heute gesagt, dass wir uns nachts ausziehen könnten, wir wären außer Gefahr von U-Booten, aber ich werde das nicht tun, bis wir aus der Biskaya heraus sind. Die meisten von uns waren heute an Deck. Ich hoffe, dass es ihnen bis morgen wieder gut geht. Heute Nacht gegen 12 Uhr hoffen wir, am Kap Finisterre zu sein. Ich werde dankbar sein, denn ich habe nicht geschlafen, seit ich von zu Hause weggegangen bin; der Lärm auf diesem Boot war so schrecklich.

Wir passierten Villans Leuchtturm um 22 Uhr. Es war eine schöne Nacht und das Wasser leuchtete vor Phosphor. Der Kapitän erschien heute Abend zum Abendessen, also läuft es für uns besser.

Dienstag, *6. April 1915.*

Alle Kranken sitzen heute an Deck, also haben wir nicht viel zu tun. Heute Morgen habe ich mit mehreren Passagieren Deck-Wurfbrett gespielt. Ich habe ein bisschen Serbisch gelernt. Wir sind eine fröhliche Gesellschaft, alle sind so freundlich. Wir haben Schafe, Enten und Hühner an Bord – alle waren krank; außerdem zwei Hunde. Ich habe letzte Nacht an Deck geschlafen, eine wirklich schöne Nacht.

Mittwoch, *7. April 1915.*

Das Wetter hat sich ganz geändert; es ist heute einfach herrlich. Heute Morgen haben wir ein bisschen Serbisch gelernt und Briefe geschrieben. Heute Nachmittag saß ich in einem Rettungsboot und die Sonne schien auf mich herab; es war himmlisch. Wir sind gerade an Portugal vorbeigefahren. Ich habe mehrere Fotos gemacht. Wir sind um 14.30 Uhr am Kap St. Vincent vorbeigefahren. Wir hätten uns nie retten können, wenn mit diesem Boot etwas schiefgegangen wäre; es ist ein furchtbarer alter Kahn. Ich höre, wir kommen morgen gegen 10 Uhr in Gibraltar an, also wird dies gepostet.

Wir haben gerade an Deck schwedische Übungen absolviert, da die Ärzte uns für die harte Arbeit, die uns später erwartet, gesund halten möchten.

Donnerstag, *8. April 1915.*

Habe letzte Nacht an Deck geschlafen, muss aber immer um 6 Uhr aufstehen, damit das Deck gereinigt werden kann. Ein herrlicher Morgen. Um sechs aufgestanden, runtergegangen und angezogen, dann an Deck gekommen; es war ein wenig neblig. Wir konnten Tanger und die ganze Küste Afrikas gut sehen. Später am Morgen lag Gibraltar auf der gegenüberliegenden Seite. Es war ziemlich interessant. Wir wurden inspiziert und der Kapitän ließ unsere Briefe für uns zurücknehmen. Ich habe sehr viele Fotos gemacht. Wir sahen Schwärme von Schweinswalen, die dem Boot ein Stück weit folgten. Ich habe einen Schnappschuss von ihnen gemacht. Der Tag wurde immer heißer, also saßen wir im Rettungsboot und genossen die Aussicht. Wir mussten unsere Schatten spendenden Hüte herausholen und hatten keine Mäntel an. Um 12 Uhr hatten wir eine Übung. Heute Nachmittag habe ich mit den Ärzten Bridge gespielt, ein perfekter Tag. Um 16.30 Uhr passierten wir die schönsten schneebedeckten Berge, die Sierra Nevada. Heute Abend isst der Kapitän mit uns zu Abend und danach wollen wir tanzen. Heute Abend wird es noch einmal sehr rau und sämtliche Bullaugen mussten geschlossen werden.

Freitag, *9. April 1915.*

Ein schöner Morgen. Wir hatten an Deck eine Übung und dann unsere Serbischstunde. Nach dem Mittagessen wurde es rau und viele der Passagiere sind wieder krank. Wir sind heute an Algier vorbeigefahren und haben heute Abend sehr starken Wellengang, weil wir uns in der Nähe des Golfs von Lyon befinden. Heute Nachmittag haben wir Bridge gespielt. Gestern Abend hatten wir Tanz. Heute Abend hätten wir Spiele spielen sollen, aber es war zu rau. Wir müssen jeden Tag zwei Seiten Serbisch lernen; es ist sehr trocken.

Samstag, *10. April 1915.*

Eine furchtbare Nacht. Wir schliefen an Deck und um 1 Uhr begann es zu donnern, zu blitzen und zu hageln. Wir wurden völlig durchnässt. Wir haben es genauso rau wie in der Biskaya.

Heute stürmt es. Heute Abend haben wir eine Bridgeparty. Wir hatten ein unterhaltsames Abendessen; wir mussten alles festhalten. Ein Teller Hühnchen war im ganzen Salon verstreut, Gläser, Teller, Messer, Gabeln, Orangen und Äpfel. Keiner von uns konnte auf seinem Platz sitzen. Große Koffer waren überall auf den Gängen verstreut. Es wird wunderbar sein, wenn wir Saloniki erreichen. Es macht mich glücklich, wenn ich daran denke, dass ich so viele nette Freunde zu Hause habe, die in ihren Gebeten an uns denken. Ich wünschte, die Admiralität könnte mit diesem Schiff hinausgeschickt werden. Das Essen ist fast durchweg schlecht; wir können kaum etwas essen, und ich habe gehört, dass wir bald kein Wasser mehr haben. Wir dürfen nicht anhalten, bis wir Saloniki erreichen.

Unsere Bridgeparty verlief gut, aber etwas langsam. Frau Claude Askew gewann den ersten Preis.

Die afrikanischen Nigger sind sehr witzig; sie nennen uns alle Misses. Sie sagten uns, wenn wir ins Meer gingen und ertrinken würden, würden wir viel frische Luft schnappen, da wir es so lieben, die Bullaugen in unseren Kojen offen zu haben. Sie würden kommen und uns nachts zudecken.

Sonntag, *11. April 1915.*

Es ist immer noch rau. Heute Abend haben wir unseren Gottesdienst. Wir sind heute Morgen um 8 Uhr an Tunis vorbeigefahren. Gestern Abend hatten wir wieder ein sehr schlimmes Gewitter; die Blitze waren sehr grell. Viele von uns mussten im Salon schlafen.

Ich lerne Serbisch mit Mrs. Stobart. Sie hat gerade meine Lektion gehört und mir zwanzig weitere Wörter zum Lernen gegeben. Es ist eine äußerst uninteressante Sprache.

Montag, *12. April 1915.*

Um 10 Uhr hatte ich eine Übung, dann „Folge meinem Anführer" auf dem ganzen Schiff. Um 10.30 Uhr passierten wir Sizilien; wir konnten die Olivenhaine sehen. Ein italienischer Zerstörer war uns gefolgt. Wir hissten die englische Flagge, also verließen sie uns bald. Ich nehme an einigen Tableaus teil, also haben wir heute Nachmittag geprobt. Seitdem habe ich Bridge gespielt. Es ist wieder furchtbar stürmisch, und wir haben wieder ein schlimmes Gewitter. Es wird das größte Wunder sein, wenn wir mit diesem elenden Boot sicher in Saloniki landen. Ich dachte letzte Nacht oft, dass unser Ende nahe sei. Ich habe kein bisschen geschlafen.

Dienstag, *13. April 1915.*

Es ist immer noch stürmisch und regnet in Strömen, keine schöne Überfahrt. Malta haben wir nicht gesehen, wir waren zu weit weg, aber wir waren nur etwa drei Kilometer von Sizilien entfernt. Wir haben fast den ganzen Tag Bridge gespielt.

Mittwoch, *14. April 1915.*

Ein schöner Tag und der Wind hat nachgelassen. Vier aus unserer Einheit sind wegen des schlechten Essens krank (zwei von ihnen sind ohnmächtig geworden und hatten große Schmerzen), und mehrere aus den anderen Einheiten. Wir erwarten, am Donnerstagmittag in Saloniki anzukommen. Wir haben gerade Belopulo passiert; wir werden Andros und Tinos passieren. Heute Abend werden wir alle in Kostümen erscheinen. Ich gehe als Matratze, mit einem Kissen auf dem Kopf, Kissen in einem Matratzenbezug und meine Füße kommen unten mit Bettsocken durch. Die Zeit hat sich geändert; wir sind 1 ½ Stunden vor England. Um 4.30 Uhr morgens ist es hell, aber kurz nach 6 Uhr dunkel. Gestern folgte unserem Boot fast den ganzen Tag eine Schwalbe.

Das Kostüm war ein großer Erfolg; es war wirklich großartig, da keiner von uns viele Sachen dabei hatte, da wir alle eine Uniform trugen. Mr. Claude Askew war sehr amüsant und stellte uns als Mrs. Jarleys Wachsfiguren vor.

Donnerstag, *15. April 1915.*

Es war wieder eine raue und sehr kalte Nacht. Ich habe einen Teil der Nacht im Rettungsboot geschlafen, musste aber um 2 Uhr an Deck, weil es so kalt und rau war. Wir kommen gegen 1 Uhr in Saloniki an. Wir haben gerade den Olymp passiert; er sieht herrlich aus, wenn die Sonne darauf scheint und die Schneekappen darauf sind. Ich habe in der Nacht die Kanonen gehört – vermutlich aus Smyrna. Der Ingenieur hat mich gestern Abend mit nach unten genommen, um mir die Maschinen anzusehen. Es ist gut für uns, dass wir eine raue Überfahrt hatten. Sonst wären wir wegen der Ladung, die wir transportieren, von U-Booten erwischt worden; es soll Kohle sein.

Wir sind nur noch sechzig Kilometer von Saloniki entfernt und werden voraussichtlich um 13 Uhr ankommen. Wir haben von Gibraltar aus telegrafisch nach Zimmern im Hotel gefragt. Wir werden voraussichtlich eine Woche in Saloniki bleiben, da wir auf die Vorräte warten müssen. Wir sind alle eine so glückliche Gruppe und alle Einheiten an Bord waren so freundlich.

Ein griechisches Boot teilte uns mit, dass es gestern eine große Schlacht an den Dardanellen gegeben habe, aber das Ergebnis sei nicht bekannt. Wir haben auf diesem Boot kein Funk. Der Sonnenaufgang war heute Morgen herrlich; heute ist es noch viel schöner. Ich werde dies sofort posten, wenn ich in Saloniki ankomme. Es ist schrecklich, keine Nachrichten von zu Hause zu haben. Ich höre einen Monat lang nichts. Wir werden unsere ständige Adresse noch einige Zeit nicht senden können.

Der gefährlichste Teil unserer Reise waren die 48 Stunden durch die Irische See. Es ist interessant zu wissen, dass das Schiff von Liverpool nach Saloniki eine Million Umdrehungen zurückgelegt hat und eine Umdrehung 25 Fuß beträgt. Als wir in den Hafen von Saloniki einliefen, lag dort ein Schiff namens *Athena* ; es gehört den Deutschen. Wir kamen um 2 Uhr in Saloniki an; wir mussten draußen ankern. Der Arzt, der englische Konsul und der Polizeichef kamen an Bord. 23 kleine Boote kamen, um uns hinüberzubringen; die Männer kämpften einfach, und wir hatten ziemliche Schwierigkeiten. Wir stellten fest, dass wir im Hotel keine ausreichende Unterkunft für unsere Einheit finden konnten, also sagte uns der Kapitän, wir sollten an Bord schlafen. Wir tranken Tee und aßen im Hotel Olympus zu Abend. Letzteres nahm der Kapitän der *Saidieh* mit uns. Um 10 Uhr kehrten wir zum Boot zurück.

Freitag, *16. April 1915.*

Die *Torcello* kam mit all unserer Ausrüstung zur gleichen Zeit an wie unser Boot. Saloniki ist der malerischste Ort; es ist so heiß, genau wie

Hochsommer in England. Die Yachten, die im Hafen herumsegeln, sind wunderschön. Ganz in der Nähe liegt ein Wrack. Dort ist es der 7. April, und in England ist es der 15.

Nach dem Frühstück nahmen wir eine Kutsche und fuhren zur griechischen Kirche St. Demetrius. Sie ist einfach hinreißend. Große Marmorsäulen und Granit, von denen man annimmt, dass sie ausgestorben sind. Die Bögen sind wunderbar und alle mit Mosaiken eingelegt. Dann sahen wir Sarkophage oder einige der Überreste aus dem Jahr 136. Die Bilder ringsum sind wunderschön, sehr leuchtende Farben. Viele Menschen kamen zum Beten. Eine kleine Familie ging in eine Ecke, wo ein Bild von Adam und Eva im Garten Eden hing, die Schlange war auf einem Baum. Sie beteten vor diesem Bild, küssten dann jede Figur; sie überquerten den Altar und küssten jede Figur auf den anderen Bildern. Dann gingen wir zur Hagia Sophia, einer weiteren griechischen Kirche. Wir sahen noch viel mehr Menschen beten, die Figuren auf den Bildern küssten und sich bekreuzigten. Das Baptisterium in St. Demetrius war wunderbar; es gab ein wundervolles muschelartiges Taufbecken unter einem massiven Steinbaldachin. Ein Stückchen entfernt hing eine riesige Glocke unter einem Bogen. Dann gingen wir in eine andere Kirche, die gerade restauriert wurde. Als wir näher kamen, konnten wir nichts als Desinfektionsmittel riechen; wir fanden das seltsam. Das Innere der Kirche hatte ein wunderschönes Gewölbe. Wir waren noch nicht lange in der Kirche, als wir feststellten, dass der Boden voller Flöhe war und wir alle damit bedeckt waren. Wir gingen in einen Hof und fingen Hunderte ein; Frauen und Kinder halfen. Wir waren in einer äußerst unbequemen Lage. Die meisten Häuser sind voll von ihnen, und auch anderes Vieh. Man kann die Flöhe im Sand auf den Straßen herumspringen sehen.

Einige Kirchen sind voller griechischer Flüchtlinge aus Kleinasien.

Samstag, 17. April 1915.

Wir gingen ins französische Hospital. Eine englische Nonne brachte uns hinüber. Wir gingen auch zu den Suppenküchen, und um 12 Uhr kamen hundert Flüchtlinge mit Suppenmarken. Wir halfen, sie ihnen zu servieren; es war höchst interessant. Alle wollten mehr als ihren Anteil. Danach trafen wir den Rest unserer Einheit, der gerade mit der *Lotos angekommen war*; sie kamen über Land nach Marseille, dann mit dem Dampfer. Sie hatten alle eine wunderbare Zeit verbracht und an den meisten Häfen Halt gemacht. Wir beneideten sie nach unserer grauenhaften Reise. Dr. Dearmer und mehrere andere aus der Gruppe und ich gingen in die Stadt, dann nach St. Nicholas, einer Kirche voller Flüchtlinge – ein Anblick, den ich nie vergessen werde; jeder Familie war eine Ecke zugewiesen worden, und sie saßen einfach auf einer Matte. Eine Familie war mit dem Mittagessen beschäftigt; sie hatten eine große Schüssel Suppe in der Mitte der Matte, und alle saßen darum herum; Vater, Mutter und drei Kinder hatten jeweils einen Löffel, und sie aßen alle aus derselben Schüssel. Dies scheint in den ärmeren Vierteln Griechenlands und Serbiens Brauch zu sein. Es gab mehrere kleine Babys, die erst ein oder zwei Tage alt waren und wie Packpapierpakete eingewickelt waren.

Am Nachmittag gingen wir zum Gefängnis von Abdul Hamid. Ihm waren achtzehn Frauen erlaubt. Er dankte ab. Die Deutschen drohten, ihn zu retten, und so wurden ringsum hohe Mauern errichtet, damit keine Flugzeuge in die Nähe kommen konnten. Nach achtzehn Monaten wurde ihm gesagt, er könne das Land verlassen, andernfalls werde er erschossen. Also ging er nach Kleinasien, und jetzt wird das Haus für militärische Zwecke genutzt.

Sonntag, 18. April 1915.

Wir hatten einen Abendmahlsgottesdienst, den Dr. Dearmer um 8.30 Uhr leitete. Dann gingen wir in die türkische Stadt, die sehr interessant ist. Dann gingen wir in das griechische Militärgefängnis. Dann in die türkische Kirche. Bevor wir die Kirche betraten, mussten wir unsere Schuhe ausziehen; der Boden war mit Teppichquadraten bedeckt. Am Nachmittag gingen wir zu St. Demetrius und sahen eine Taufe – sehr interessant. Der Priester bedeckte zuerst das Baby, das nackt war, mit Öl – Kopf, Augen, Wangen, Ohren, Körper, Beine, Füße, Rücken; dann goss die Mutter eine Handvoll Öl über den Kopf des Babys. Dann nahm der Priester das Baby und legte es in ein Taufbecken mit Öl und Wasser, das es vollständig bedeckte; dann wurde das Baby wieder mit Öl bestrichen, diesmal mit einer Bürste und aus einer Flasche; dann wurde das Baby in ein Stück Flanell in die Arme der Mutter gelegt. Sie hielt zwei Kerzen, eine in jeder Hand, und der Priester nahm Weihrauch, den er hin und her schwang, und ging dann zweimal um das Taufbecken herum. Dann las er das Buch und küsste es, und die Frau küsste es zweimal, und die Zeremonie war beendet.

Dann gingen wir zum griechischen Friedhof und sahen, wo alle Soldaten des letzten Krieges begraben waren. Der türkische Friedhof war ganz in der Nähe. Wir sahen eine weitere große Kaserne und das griechische Militärkrankenhaus.

Montag, 19. April 1915.

Wir waren den ganzen Morgen einkaufen und bereiteten uns auf unsere Abreise nach Kragujevatz am nächsten Dienstag vor. Wir fahren kurz nach sieben Uhr los. Heute Nachmittag fuhren wir mit Mrs. Stobart bis zur Straßenbahn und gingen dann zum Strand. Wir waren eine Gruppe von 24 Leuten; wir tranken alle Tee und paddelten dann los und kamen nach Hause. Ich bin gerade mit dem Packen für Serbien fertig geworden.

Dienstag, 20. April 1915.

Um 6 Uhr aufgestanden, zum Frühstück ins Hotel Splendide gegangen; dann marschierten wir alle hinter einem komischen alten Karren mit unserem Gepäck zum Bahnhof. Ich hatte eine Dose Honig, 56 Pfund, die ich in Saloniki gekauft hatte; die Dose zerbrach und begann auszulaufen; ein Korken löste sich aus einer Paraffinflasche und diese begann zu *laufen* ; dann sprang das Gepäck immer wieder vom Karren: wir mussten ihm immer hinterherlaufen, um es wieder zurückzustellen: der Mann machte weiter und hielt nie wegen einer Katastrophe an. Als wir am Bahnhof ankamen, hatten wir die beste Zeit unseres Lebens, so ein Gerangel und Gedränge, um in den Zug zu kommen. Nur zwölf von uns fuhren heute los, und die anderen 36 folgen uns am Donnerstag. Die ganze Einheit verabschiedete uns. Der Zug fuhr um 9.15 Uhr ab; er hätte um 8 Uhr abfahren sollen.

Der Formalingeruch im Zug war sehr stark und wir waren alle mit Paraffin bedeckt, daher waren die beiden Gerüche *zusammen* nicht sehr angenehm! Außerdem hatten einige von uns Kohlekugeln und Kampfer in den Taschen.

Wir brauchten etwa eine halbe Stunde, um Griechenland zu verlassen. Das Land ist einfach wunderbar; die herrlichste Landschaft, Hügel, Felsen und Täler, mit den prächtigsten Farben. Überall sahen wir Reiher, Störche und Adler, Geier, Elstern und Dohlen. All diese Vögel gibt es in großer Zahl und sie sind sehr zahm. Alle Karren werden von Büffelochsen und Eseln gezogen. Die meisten Schafe sind schwarz, ebenso die Schweine und Ziegen.

Der Zug hielt zuerst in Topsin, dann in Amatovar und dann in Karasuli; das sind alle griechischen Bahnhöfe, die wir passierten. Am ersten serbischen Bahnhof hielten wir nach anderthalb Stunden. Es war in Ghevgheli. Auf dem Bahnsteig waren viele österreichische Gefangene und serbische Soldaten. Die Serben sahen sehr müde aus und ihre Kleidung war sehr schäbig. Sie sind sehr schlecht beschuht, nur eine Art Mokassin an den Füßen. Viele der Serben tragen Khaki-Kleidung, aber es scheint, als hätten sie sie von den Engländern bekommen. Auf vielen Hausdächern und Schornsteinen haben die Reiher ihre Nester gebaut; das war höchst interessant zu sehen. Sehr vielen Soldaten folgen Lämmer wie Hunde. Sie sind so hübsch.

Acht schöne Pfauen waren auf dem Bahnsteig und sie liefen ständig unter dem Zug hindurch; auch ein oder zwei weiße Perlhühner. Wir sahen unzählige Schildkröten entlang der ganzen Strecke, und wir fingen eine und brachten sie in den Waggon, aber wir mussten sie wieder hinauslassen, da wir kein Grünzeug hatten, mit dem wir sie füttern konnten. Alle Seen und Stauseen sind voller Ochsenfrösche; diese machen einen fürchterlichen Lärm, genau wie das Quaken vieler Enten. Die Bäume in diesem Teil des Landes sind ziemlich klein und es gibt keine Hecken; die Blüten an den Bäumen sind einfach herrlich. Wir sahen zu, wie aus Ziegenmilch Butter gemacht wurde, und sie ist sehr gut. Die meiste Arbeit auf den Feldern wird von Frauen und Ochsen erledigt, und die Frauen sehen in ihren verschiedenfarbigen Gewändern sehr malerisch aus. Wir hatten den ganzen Weg über schöne Blumen, vor allem Mohnblumen. Wir kamen immer wieder an Sümpfen vorbei, die voller verschiedener Gräser waren. Die Berge sind wunderschön, mit Schnee bedeckt, und wir haben gehört, dass, wenn ein Teil des Schnees schmilzt, darunter Leichen gefunden werden. Wir überquerten die Brücken, die vor drei Wochen von den Bulgaren gesprengt worden waren; wir kamen durch einen wunderbaren, in den Fels gehauenen Tunnel und kamen an unzähligen Friedhöfen vorbei, auf denen die Männer der verschiedenen Schlachten begraben sind – Türken, Serben und Bulgaren – es ist wirklich traurig, sie zu sehen. Wir werden entlang der gesamten Strecke und in den Zügen von Soldaten bewacht. Wir kamen an vielen Reihen kleiner Kreuze vorbei, auf denen alle Frauen, Kinder und Männer nach dem bulgarischen Überfall vor einer Woche begraben waren. Man hatte ihnen einen Strick um den Hals gelegt und sie zum Sterben an Bäumen aufgehängt. Alle Soldaten kommen und grüßen uns an jedem Bahnhof und entlang der Strecke. Sie sehen alle so traurig aus. Wir hielten um 7 Uhr in Uskub an und wurden von Sir Ralph Paget empfangen. Wir aßen am Bahnhof zu Abend: Suppe, in der Fett schwamm, und Omelett, das zäh wie Leder war; das Brot war fast schwarz und sehr sauer. Der Raum war sehr schmutzig und viele Männer streuten Desinfektionsmittel herum. Das amüsierte mich sehr. Wir schliefen im Zug.

Donnerstag, *22. April 1915.*

Wir standen vor 6 Uhr auf und frühstückten. Es ist viel kälter und wir sind ganz in der Nähe schneebedeckter Berge. Wir kamen um 8 Uhr in Nish an und mussten zwei Stunden warten. Wir wurden vom serbischen Minister und Arzt abgeholt und in einer lustigen kleinen Kutsche zum Reservekrankenhaus gebracht, wo wir uns wuschen.

Dies war das Krankenhaus, in dem 1.500 serbische Verwundete lagen, als es in die Hände der Bulgaren fiel. Dann frühstückten wir – Brot, rohen Speck und Eier; nicht gut; aber in diesen schlimmen Zeiten müssen wir für alles dankbar sein. Die Betten in den Krankenstationen bestehen aus mehreren Holzbrettern mit Strohmatratzen und Kissen – ganz sauber. Die Frauen sind keine übel aussehende Rasse. Der Minister zeigte uns ein schreckliches Foto, das er von Frauen und Kindern gemacht hatte, die an Bäumen hingen, wo die Bulgaren sie aufgehängt hatten. Zwei Einheiten ließen wir in Nish zurück; eine kommt in ein paar Tagen nach Kragujevatz, die andere nach Belgrad. Wir fuhren zurück zum Bahnhof; unmöglich zu gehen; der Schlamm ist 20 bis 25 Zentimeter tief.

Wir schliefen im Zug, drei in einem Abteil, und keiner von uns wurde gebissen. Zuerst reinigten wir alle Waggons mit Paraffin. Wir fuhren durch Weinberge und Maisfelder. Die Frauen pflügen mit den Ochsen. Überall sah man Hunderte verwundeter Österreicher. Als wir in Kragujevatz ankamen, wurden wir von Ärzten und Offizieren empfangen und zum Abendessen geführt. Vier Waggons, zwei Pferde pro Waggon, ein höchst kurioser Anblick. Die Pferde scheinen dahinzufliegen, und die Straßen sind in einem fürchterlichen Zustand; wir konnten nur mit Mühe verhindern, dass wir hinausgeworfen wurden.

Wir gingen zuerst in die Sanitärabteilung und wurden herumgeführt, dann wuschen wir alle unsere Hände mit Desinfektionsmittel und wurden in den Fürstenpalast geführt; er ist jetzt ein Speisesaal für Offiziere. Wir hatten ein großes Abendessen, das mit sehr feinem russischen Kaviar begann. Das Abendessen dauerte bis 10 Uhr. Dann kehrten wir zum Bahnhof zurück und verbrachten die Nacht im Zug. Ein Wagen voller Gepäck war noch nicht angekommen, und es war zu spät, um Zelte aufzustellen. Die Ochsenfrösche sangen die ganze Nacht. Wenn ein Serbe seine Frau vorstellt, sagt er: „Entschuldigen Sie, aber darf ich meine Frau vorstellen?" Wenn eine Party gegeben wird, erscheint die Frau nie am Tisch. Sie müssen es seltsam finden, dass unsere Frauen so anders behandelt werden.

Freitag, *23. April 1915.*

Mrs. Stobart war mit einigen Offizieren unterwegs, um einen Standort für das Krankenhaus zu finden. Es liegt ganz oben auf dem Hügel und war vor Kriegsbeginn eine Rennbahn, die auch für Sportveranstaltungen genutzt wurde. Wir verbrachten den Nachmittag damit, die Zelte aufzubauen. In Serbien ist es Brauch, bei einem Todesfall sechs Tage oder länger eine schwarze Flagge aufzuhängen, und es war traurig, zwei oder drei Dutzend

Flaggen überall in der Stadt zu sehen. Wir waren den ganzen Tag schwer damit beschäftigt, Vorräte wegzuräumen.

Die Offiziere sind sehr freundlich. Sie luden uns zum Abendessen ein, aber wir waren alle zu beschäftigt, um hinzugehen, also schickten sie uns ein schönes Abendessen in die Zelte – gebratenen Fisch, einen Rindereintopf, ein kleines, im Ganzen gebratenes Lamm und einen Salat. Einer der Regierungsbeamten gesellte sich zu uns.

Sonntag, 25. April 1915.

Wir hatten einen Gottesdienst um 8.30 Uhr, den Dr. Dearmer leitete, und er leitete einen weiteren Gottesdienst um 14.30 Uhr und 17.30 Uhr. Mehrere der Krankenschwestern und Mitarbeiter kamen aus anderen Krankenhäusern. Das Wetter ist sehr heiß, aber die Nächte sind kalt. Wir hören die ganze Nacht Eulen, Nachtigallen und den Kuckuck. Mehrere unserer Mitarbeiter sind krank. Ich habe nette Leute zum Arbeiten und wir fühlen uns sehr wohl. Wir sind zu viert in einem großen Zelt. Sie nennen mich die „Kleine Mutter", aber mein allgemeiner Name ist Cookie. Die Regierungsbeamten nennen mich alle Miss Cookie.

Wir stehen jetzt um 4.30 Uhr auf und frühstücken um 5. Wir mussten unsere Sommerkleidung anziehen, da es sehr heiß ist. Ich habe heute fünf Lämmer gekauft, 15 Dinas pro Stück. Sie essen das Fleisch noch am selben Tag, an dem es geschlachtet wird. Die kleinen Lämmer und Schweine werden im Ganzen gekocht. Heute sind 40 Verwundete eingetroffen; sie haben alle ein Bad mit Desinfektionsmittel bekommen und dann saubere Kleidung angezogen, ihre eigene, die gebacken und zusammengebunden und mit ihrem Namen darauf weggelegt wurde. Einige der Verwundeten sehen sehr krank aus, aber dieser Ort wird ihnen bald gut tun. Es macht uns sehr glücklich, zu sehen, wie es ihnen besser geht.

Dienstag, 27. April 1915.

Heute werden noch mehr Verwundete eintreffen. Wir werden chirurgische Fälle behandeln. Wenn die Kämpfe beginnen, wird unser Feldlazarett mit der Armee weiterziehen. Wir haben uns daran gewöhnt, früh aufzustehen. Wir stehen um 4.30 Uhr auf und gehen um 9 Uhr ins Bett; das spart Licht. Ich schlafe außerhalb des Zelts, und viele der anderen tun das auch. Es ist einfach herrlich. Ich werde nie wieder ausschlafen wollen.

Die Sonne steht herrlich über den Berggipfeln. Wir gewöhnen uns langsam an die Geräusche in der Nacht. Da sind die Nachtigallen, die eine singt gegen die andere, die Eulen rufen, die großen schwarzen Grillen, die überall in unserem Lager und auf den Feldern in Löchern im Boden leben und ihre komischen Geräusche machen. Dann sind da die Glühwürmchen, die ich zuerst für Suchscheinwerfer hielt, weil sie so hell waren; überall auf den verschiedenen Bauernhöfen krähen Hähne; streunende Hunde, die fast wild wirken, besuchen das Lager nachts und versuchen, in die Küchen und Vorräte zu gelangen, und gelegentlich fangen sie an zu bellen und zu heulen; in den Teichen in der Nähe quaken Frösche.

Meine Mitarbeiter sind so nett, das macht die Arbeit viel einfacher. Ich bin heute nach Kragujevatz gefahren, um einzukaufen. Wegen Typhus darf keiner von uns dorthin, aber wenn man Vorsichtsmaßnahmen trifft, hat man keine großen Ängste. Die Geschäfte sind ganz nett und die Schuhe und Kleider sind urig. Nähmaschinen von Singer sieht man überall; auch Sunlight-Seife, Colmans Senf, Peak Freans Kekse, Peters Milchschokolade. Diese Dinge erinnern uns an zu Hause. Reis, weiße Bohnen und Pflaumen gibt es in Hülle und Fülle und sie bilden einige der Hauptnahrungsmittel.

Mittwoch, 28. April 1915.

Die Wagen werden von Ochsen gezogen; sie legen nur zwanzig Meilen pro Tag zurück. Es sind prächtige Tiere, die gut gepflegt werden. Wir haben zwei davon gekauft und sie Derry & Toms genannt, weil Derry & Toms uns zwei oder drei ihrer Karren gegeben haben, um sie hierher zu bringen.

Heute haben sechs Offiziere bei uns gegessen. Die Hitze ist furchtbar. Ich kann mir gar nicht vorstellen, wie es im Juni sein wird. Das serbische Essen ist sehr eigenartig, aber gut. Zum Frühstück gibt es eine Art Brotpudding; sie nennen ihn unseren „englischen" Brotpudding, aber der serbische Name ist „Popiri". Man gibt in Würfel geschnittenes Brot in kochendes Wasser mit Salz und Fett; sie schlagen alles zusammen und servieren es. Es schmeckt ihnen so gut und sie mögen nichts anderes; zur Abwechslung haben sie geschmorte Pflaumen und Brot. Sie trinken Tee oder Kaffee und diejenigen, die eine spezielle Diät einhalten, bekommen Eier.

Sonntag, 2. Mai 1915.

Wir haben hier so viel zu tun, dass wir kaum den Tag oder das Datum kennen. Wir hatten gerade Zeltübungen, da wir bald weiterziehen könnten, und dann müssen wir unsere Zelte selbst abbauen. Wir haben mehrere unserer Vorräte verloren, als wir herauskamen: den ganzen Speck und viele andere Dinge. Einige der Männer sehen schrecklich und halb verhungert aus; unser Essen scheint ihnen zu schmecken. Ich habe fünf österreichische Gefangene, die für mich arbeiten. Es ist schwierig, viel Arbeit aus ihnen herauszubekommen, denn sie sagen: „Ohne Lohn keine Arbeit"; aber ich sagte, dann gäbe es kein Essen, und jetzt können sie nicht genug für uns tun; im Großen und Ganzen sind sie nicht schlecht. Ich habe einen komischen Mann, der für mich auf dem Markt einkauft. Er ist zu dick, um zu kämpfen, und er sagt mir immer mit erhobenen Armen, dass er nur für mich arbeitet. Letzte Nacht haben wir draußen auf unseren Feldbetten geschlafen; es fing an zu regnen und die Nachtschwestern mussten uns hineintragen. Es ist schön zu sehen, wie die Verwundeten dieses Lagerleben genießen; sie sind so glücklich. Wenn sie ankommen, bekommen sie ein Paraffinbad und ihre Kleidung wird gebacken. Wir haben viele Kleider aus England mitgebracht. Heute Morgen haben uns vier Offiziere besucht und uns ihre Pferde für eine halbe Stunde zum Reiten geliehen. Das nächste Mal werde ich mitkommen.

Mrs. Stobart und ein Teil der Einheit fahren mit der *Saidieh nach Serbien* und absolvieren eine schwedische Übung.

Krankenhaus in Nisch. Als es von den Bulgaren erobert wurde, waren hier
1.500 Patienten untergebracht.

Gesicht Seite 32

Einer der Ärzte und ich machten einen schönen Abendspaziergang. Die
Frösche sangen miteinander, ein ganz anderes Geräusch als das, was wir
vorher gehört hatten. Heute Morgen nahm ich alle meine Küchenhelfer mit
zum Baden, fünf an der Zahl.

Frau Stobart machte unsere Fotos und ich gab den Männern ihre neuen
Kleider. Es gelang mir, jedem von ihnen eine Decke zu besorgen und sie
waren alle sehr glücklich. Sie bauten sich eine Hütte zum Schlafen. Sie sind
alle österreichische Gefangene.

Montag, 3. Mai 1915.

Am Straßenrand in der Nähe unseres Feldlazaretts wurde eine
Krankenstation eingerichtet, und die Menschen kommen von weit her, um
Medikamente und Rat zu bekommen. Es gibt viele Fälle von Diphtherie,
Typhus, Fleckfieber, Scharlach, Schwindsucht und anderen Krankheiten.
Die Zivilbevölkerung leidet schrecklich unter dem Krieg; sie wurde so
vernachlässigt. Ein Mädchen ging zwanzig Meilen zu Fuß, um Medikamente
für ihren Vater, ihre Mutter, ihre Schwester und ihren Bruder zu holen, die
alle an Typhus erkrankt waren. Einige der Patienten kommen in
Ochsenkarren und kommen gut zurecht; es ist erstaunlich, wie schnell sie

von der Krankenstation erfahren haben. Mrs. Stobart hat beschlossen, noch viele weitere zu eröffnen.

Donnerstag, 6. Mai 1915.

Das war ein großes Fest für die Serben – der Georgstag – sie begehen ihn als Feiertag. Wir hatten zwei der Offiziere zum Abendessen eingeladen und um 8 Uhr gab es ein Lagerfeuer, und wir alle tanzten und sangen; ein ziemlich schöner Abend. Die Verwundeten hatten viel Spaß.

Freitag, 7. Mai 1915.

Ich machte mit zwei Ärzten einen Spaziergang zu einem Friedhof in der Nähe. Dort stehen Tausende kleiner Holzkreuze an den Stellen, wo die Serben in der letzten Schlacht gefallen sind, auch für die, die an Typhus gestorben sind. Die österreichischen Gefangenen graben reihenweise neue Gräber. Die Toten sind nicht in Särgen begraben; es liegen mehrere leere Särge herum.

Viele der Kreuze haben mehrere Nummern, so dass viele im selben Grab begraben sind, vier und sechs. Unsere Krankenstationen machen einen großartigen Job; einige der Patienten sind sechzig Kilometer gelaufen; man kann es kaum glauben. Wir versorgen alle, die von weit herkommen. Wir hatten heute über 100 Patienten. Ich habe heute auf dem Markt zehn Schafe, sechs Truthähne, fünf Gänse und neun Enten gekauft. Wir essen zwei und drei Lämmer pro Mahlzeit, nur für das Personal; sie sind sehr klein.

Sonntag, 9. Mai 1915.

Ich bin heute Morgen kurz nach 4 aufgestanden. Mrs. Stobart und drei serbische Beamte sind losgezogen, um einen anderen Standort für eine Krankenstation zu finden. Colonel Harrison, unser englischer Militärattaché, war zum Abendessen da. Ich habe ihnen gekochten Truthahn mit weißer Soße und Makkaroni serviert. Truthähne sind billig; ich habe sechs für 57 Dinas bekommen, und für einen Sovereign bekommt man 36 Dinas. Nach dem Abendessen hat uns Colonel Harrison einige sehr gute Schallplatten auf seinem Grammophon gegeben. Unser Grammophon ist verloren gegangen.

Die Österreicher beschießen immer noch Belgrad. Einer meiner fünf österreichischen Ordonnanzen macht mir viel Ärger. Er geht manchmal für drei oder vier Stunden weg, um etwas zu trinken, also musste ich ihn melden;

er hat vor meinen Augen vom Sergeant eine ordentliche Ohrfeige bekommen. Hätte er den Sergeant zurückgeschlagen, wäre er erschossen worden.

Wir haben mehrere verwundete Österreicher und einen Deutschen. Wenn man den Deutschen anspricht, steht er immer stramm; er ist wirklich ein netter Mann!

Das Lager ist ein ziemlicher Sumpf. Ich stand um 4.30 Uhr auf und ging mit Mr. Greenhalgh zum Markt. Der Markt öffnete erst spät, also gingen wir in ein Café, das überhaupt nicht nett war; Käfer liefen auf den Tischen und dem Boden herum. Ich saß mit untergeschlagenen Füßen da.

Viele junge verwundete Soldaten saßen da und tranken Whisky. Die kleine Karaffe, aus der sie trinken, kostet nur einen Penny. Andere tranken russischen Kaffee mit einem Glas kaltem Wasser.

Ich habe große Probleme mit Hunden und Katzen. Sie kommen in die Küche und stehlen das Essen. Ich habe die Hunde davon abgehalten, in die Küche zu kommen, aber die Katzen kann ich nicht draußen halten.

Die Wildblumen sind sehr schön. Wir haben verschiedene Arten für die Stationen und die Tische gesammelt. Sie sind viel schöner als unsere. Ich kann nicht oft rausgehen, ich bin so müde, wenn ich nicht im Dienst bin.

Montag, 17. Mai 1915.

Eine meiner Köchinnen hat einen Revolver, und als sie ihn heute früh entlud, ging ein Schuss los und traf mich am Arm. Zum Glück war es nicht schlimm. Der Schuss durchbohrte ihre Kiste, dann eine dicke Brieftasche und dann eine Teedose, wo er liegen blieb. Es war wirklich sehr furchterregend. Heute Nachmittag kamen ein russischer und ein französischer Militärattaché.

Wir haben zehn Lazarettzelte und in jedem finden zehn Patienten Platz. Da sie alle voll sind, müssen weitere Zelte aufgestellt werden. Heute Abend um 9 Uhr kam ein sehr schwerer Typhusfall in einem Ochsenkarren an – ein armer Soldat, der gerade Urlaub hatte. Seine alte Mutter und sein Vater waren mitgekommen. Sie sollten unter dem Karren schlafen, und da der Boden zentimeterdick mit Schlamm bedeckt war, besorgten wir ihnen Bündel Stroh. Außerdem gaben wir ihnen heißen Kaffee und Brot. Man sieht einige traurige Anblicke.

Ich ging wieder zum Markt; es ist sehr malerisch. Einige der Zigeunerinnen sind sehr hübsch und ihre Kostüme bezaubernd. Die meisten Stoffe für ihre Kleider und Schürzen sind selbstgesponnen. Die verschiedenen

Schattierungen von Rot, Blau, Gelb und Grün sind wunderschön, sie passen alle so gut zusammen. Wir haben jetzt knapp 200 Leute im Lager, aber die Zahl macht mir keine Sorgen. Wir kauften Käse und große Rollen Wurst auf dem Markt. Mein Vorratszelt steht fast unter Wasser. Ich musste Ziegelsteine und Bretter auslegen und einen Graben durch die Mitte graben lassen. Man sagte uns, dass es drei Wochen lang nass sein wird. Der Regen kommt in Strömen herunter, viel stärker als in England. Die Patienten sehen alle viel besser aus und sind viel dicker. Ich habe zwei große Kupferkessel für Suppe gekauft; einer kostete 123 Dinas und der andere 77 Dinas, aber ich sollte meinen, sie würden ewig halten. Ich habe eine Ziegelmauer um sie herum setzen lassen und einen Rauchabzug an der Rückseite und einen Rost darunter. Wir kochen nur mit Holz; es ist wirklich sehr gut, da es die Wärme so lange speichert, und ich mag es wirklich lieber als Kohle. Aber zuerst brachte uns der Rauch alle zum Weinen, bis ich die Öfen richtig eingestellt hatte.

Dienstag, *18. Mai 1915.*

Wir hatten einen aufregenden Tag, da Prinz Alexandra von Serbien erwartet wurde, um unser Feldlazarett zu besichtigen. Er und sein Gefolge kamen zu Pferd. Der Prinz ist ein überaus netter Mensch, sehr freundlich und umgänglich. Mrs. Stobart stellte mich vor. Er war sehr an den Küchenabteilungen interessiert und schüttelte mir dreimal die Hand. Er schien erfreut und interessiert an all den Lazaretten zu sein. Ein Feldlazarett scheint hier draußen eine ziemliche Neuheit zu sein. Ich sprach mit seinem Pferd, einem bezaubernden Geschöpf namens „Sugar".

Dr. May kommt morgen wieder nach London, um neue Ausrüstungen auszuliefern, da wir sechs weitere Ambulanzen und ein Zivilkrankenhaus haben werden. Ich habe den ganzen Morgen Listen für neue Vorräte erstellt.

Ich bekomme ein schönes serbisches Kleid geschenkt. Ich habe heute guten serbischen Käse gemacht; er ist ganz einfach herzustellen und schmeckt wirklich gut. Ich wünschte, Freunde würden mir Zeitungen schicken; sie wären sehr willkommen. Ich habe eine Kanonenkugel und ein Hufeisen mitgenommen, um meine Schätze zu erweitern. Wir hatten wieder einen schlimmen Sturm; die Regentropfen sind so groß wie ein 2- *Schilling*- Stück. Es ist wirklich amüsant, wenn es windig wird, da jeder zu seinem Zelt rennt, um seine Abspannseile festzuziehen, und wenn es eine Weile geregnet hat, müssen sie gelockert werden. In der Nacht ist es nicht so angenehm, aus einem schönen, bequemen Bett herauszukommen. Aber trotz alledem ist das Lagerleben sehr reizvoll.

Die Serben befinden sich seit vier Jahren im Krieg. Sie kämpften zuerst gegen die Türkei, dann gegen Bulgarien und zweimal gegen Österreich-Ungarn.

Anfang Dezember 1914 war Valievo in den Händen der Österreicher. Dann eroberten die Österreicher Belgrad, wo sie dreizehn Tage blieben. Am 15. Dezember wurde Belgrad von den Serben zurückerobert. Von der 300.000 Mann starken Armee, die den Fluss Save überquert hatte, wurde fast die Hälfte außer Gefecht gesetzt. Mehr als 41.500 Gefangene wurden zusammen mit 133 Kanonen, 71 Maxims, 386 Munitionswagen, 3.350 Transportwagen und mehr als 3.250 Pferden und Ochsen gemacht. Die Zahl der Toten und Verwundeten, die auf dem Schlachtfeld zurückblieben, überstieg 60.000 Österreich-Ungarn.

Donnerstag, 20. Mai 1915.

Die Kanonenkugeln, von denen ich Ihnen erzählt habe und die ich aufgehoben habe, wurden vor 100 Jahren gegen die Türken eingesetzt. Auf den Feldern liegen endlose Mengen davon herum.

Dr. May ist heute Abend nach England zurückgekehrt; sie wird etwa sechs Wochen weg sein. Sie wird weitere Vorräte herausbringen und neue Mittel für den Unterhalt unseres Krankenhauses und der Apotheke sammeln.

Die ganze Nacht fahren Transportwagen auf der Straße in der Nähe unseres Lagers vorbei, also sollten wir vielleicht bald weiterziehen. Es werden Ochsen eingesetzt, die täglich nur etwa zwanzig englische Meilen zurücklegen.

Wir haben keine neuen Fälle im Krankenhaus, da es derzeit keine Kämpfe gibt. In der Ambulanz am Straßenrand sind über hundert Patienten; jeden Tag gibt es einige schlimme Fälle – Typhus, Scharlach, Diphtherie und einen sehr schlimmen Fall von Pocken, aber es gibt keine Krankenhäuser, in die wir solche Fälle schicken könnten. Heute kam ein armes Mädchen mit einem schwarzen Fuß an, das ganze Fleisch war von Brandwunden vom Bein gefressen; sie hatte einen tuberkulösen Fuß, den sie seit einem Jahr hatte und der nie behandelt worden war. Frauen kommen mit schrecklichen Krankheiten an, einige mit Krebs.

Die Menschen im guten alten England können sich die Lage in diesem Teil der Welt nicht vorstellen; Tausende und Abertausende leiden und bekommen keine Aufmerksamkeit.

Wir versuchen jetzt, die Ausbreitung einiger dieser schrecklichen Krankheiten zu stoppen, und eröffnen ein weiteres Krankenhaus, das

Zivilkrankenhaus. Dieses Krankenhaus wird einige dieser schweren Fälle aufnehmen. Wir hoffen auch, dass wir entlang der Linie sechs Krankenstationen einrichten können. Unser Feldkrankenhaus ist nur für chirurgische Fälle vorgesehen.

Ein weiterer regnerischer Tag. Wir hatten ein schreckliches Gewitter, das zwei Nächte hintereinander wiederkehrte. Die Blitze sind viel heftiger als in England. Tatsächlich erhellen sie die Hügel ringsum und der Himmel scheint sich fast zu öffnen.

Bei den Serben ist heute erst der 9. Mai, also dreizehn Tage Unterschied; es scheint so merkwürdig.

Heute wurde ein Mann dabei beobachtet, wie er serbischen Whisky kaufte; er gab ihn zwei Patienten und machte sie betrunken. Einer meiner Pfleger tat dasselbe und wurde letzte Woche weggeschickt. Wegen dieses einen Mannes wurden alle österreichischen Pfleger in Reih und Glied gerufen, insgesamt 27, und sie wurden zum Bürozelt geführt, wo Major Partridge mit ihnen allen sprach, dem Mann, der den Whisky gekauft hatte, eine Ohrfeige verpasste und ihn für zehn Tage ins Gefängnis schickte.

Es gibt drei Arten der Bestrafung für Gefangene: erstens Ohrfeigen, zweitens zehn Tage Gefängnis bei Wasser und Brot und Einzelhaft und drittens Erschießung. Es macht mich ganz krank, wenn ich sehe, wie die Männer Ohrfeigen bekommen. Die Serben scheinen wirklich gut zu ihren Gefangenen zu sein; ich hoffe, unsere in Deutschland werden genauso behandelt.

Heute bekam ich eine schöne Schale mit Walderdbeeren geschenkt. Die Erdbeeren waren auf Gräsern aufgereiht und werden für 1 $d.$ pro Schnur verkauft. Ich hatte auch ein Bündel Kirschen und Süßigkeiten, und heute Abend gaben mir zwei österreichische Gefangene ihre Gefängnisabzeichen, ich hatte also Glück.

Überall um unser Lager herum gibt es komische runde Löcher. Ich habe festgestellt, dass schwarz aussehende Käfer darin leben, aber heute Nacht habe ich festgestellt, dass es Grillen sind; sie singen die ganze Nacht und sind so süß. Ich habe eine aus ihrem Loch gegraben und in die Küche gelegt. Wir haben auch einige dieser komischen Löcher gefunden, in denen große Spinnen mit haarigen Beinen leben, und sie spinnen so ein schönes, starkes Netz über ihren Löchern. Ich nehme an, das ist ihre Haustür. Wir steckten die letzten Tage bis zu den Knien im Schlamm, und kleine Bäche fließen durch unser Lager, aber man gewöhnt sich an diese Dinge; der Boden ist aus hartem Lehm, und das Wasser verdunstet nicht schnell, es sei denn, die Sonne kommt heraus, dann trocknet es in ziemlich kurzer Zeit. Das lässt uns an unsere armen Soldaten in den Schützengräben denken.

Heute Morgen kam einer der Ärzte, um mich bei einer Operation zu begleiten. Es handelte sich um einen armen Mann, der sich von Typhus erholt hatte, dann aber erfrorene Zehen bekam, die abgefallen waren. Über die Stümpfe musste neue Haut transplantiert werden, die vom Oberschenkel stammte. Es wird interessant sein zu sehen, wie sie am Fuß wächst.

Am Nachmittag machten zwei der Ärzte und ich einen langen Spaziergang. Wir gingen etwa zwölf Meilen bis ganz nach oben auf den höchsten Hügel, und von dort aus konnte man vor ein paar Monaten die Schlacht um Belgrad sehen. Auf den Gipfeln dieser Hügel konnten wir große Löcher sehen, wo die Granaten geplatzt waren. Die Wildblumen sind wunderschön. Die Akazienbäume sind wundervoll, viel schöner als unsere. Die meisten Hecken sind Akazien. Die Felder sind mit Walderdbeeren bedeckt.

Frau Stobart und einer der Ärzte sind bis Mittwochmorgen nach Nish gefahren.

Dem Mädchen, von dem ich Ihnen erzählt habe, das eine Wundbrandwunde am Bein hatte, wurde heute das Bein amputiert. Wir haben ein kleines Zelt für sie aufgebaut; wir konnten sie nicht weiter leiden lassen.

Wieder ein schrecklicher Tag. Ich habe noch nie so viel Regen erlebt. Wir sind einfach überschwemmt. Der Sturm dauerte fünf oder sechs Stunden.

Frau Stobart und der Arzt sind heute Morgen um 6 Uhr nach Hause gekommen. Wir werden bald erfahren, wann unser Lager weiterzieht. Ich kann nicht weiterschreiben, da wir wieder einen schlimmen Sturm haben. Die Hagelkörner waren wie kleine Murmeln. Jetzt fließen Bäche durch unser Lager.

An diesem Abend waren mehrere Offiziere zum Essen da und danach spielte Colonel Harrisons Grammophon.

Wir haben gehört, dass der italienische Militärattaché heute hier eingetroffen ist und dass in zehn Tagen die Kämpfe hier beginnen werden. Heute Morgen war es interessant, die Transportwagen auf ihrem Weg nach Belgrad vorbeifahren zu sehen.

Als ich heute Abend auf den letzten Pfiff zur Lichtausschaltung wartete, machte ich einen kleinen Spaziergang, um mir die Frösche in einigen Teichen in der Nähe anzusehen. In einem Teich sangen sie in einer hohen Tonlage – ich nehme an, sie müssen Sopranstimmen gehabt haben – und in einem anderen Teich quakten sie, als hätten sie Bassstimmen, und als sie dieses merkwürdige Geräusch machten, schwollen ihre Kiefer auf eine gewaltige Größe an. Sie kamen an den Rand des Teichs, um zu sehen, wer ich war, und schienen zu sagen: „Was machst du hier?" Das Licht der Sturmlaterne muss sie angelockt haben. Auch die Grillen singen überall. Wir können ihre Löcher überall in den Hügeln sehen. Sie schlagen ihre Flügel zusammen, um ihr merkwürdiges Geräusch zu machen. Und der Kuckuck sang auch. Mit all diesen verschiedenen Geräuschen war es ziemlich unterhaltsam.

Freitag, 28. Mai 1915.

Bin um 4.15 Uhr aufgestanden und zum Markt gegangen. Ich habe ein Schaf, etwas Rindfleisch, fünf Enten, sechs Kilo Würstchen, 200 Eier, ein paar Karotten und Erbsen gekauft. Für das Schaf habe ich 20 Dinar bezahlt, und da 35 Dinar auf 1 Pfund kommen, ist das nicht viel. Enten kosten zwischen 1,5 und 3 Dinar. Die Eier kosteten 9 Dinar pro Hundert und waren sehr gut.

Walderdbeeren und Kirschen gibt es in Hülle und Fülle, aber sie sind derzeit zu teuer. Der Markt ist um 12 Uhr zu Ende. Ich bin um 9 Uhr zurück. Ich habe einen Mann, der sich um das ganze Vieh kümmert, das wir auf dem Markt kaufen, und er tötet es, wenn es für den Tisch benötigt wird.

Es gibt drei verschiedene Märkte – einen für Ochsen, Heu und Holz, einen für Schafe, Ziegen und Schweine und einen weiteren für Eier, Gemüse, Käse und Obst.

Die Schweine haben alle unterschiedliche Farben, gelb, schwarz, weiß, Elefantenfarbe. Sie sind sehr zahm, da sie als Haustiere gehalten werden und viele der Kleinen in den Häusern leben.

Auf dem Weg zum Schafmarkt sahen wir viele Kanonen, Offiziere und Transportmittel, die nach Bosnien fuhren. Die Pferde der Offiziere trugen Rosenkränze um den Hals; das ist üblicher Brauch, und den Offizieren wird ein Blumenstrauß überreicht.

In Kragujevatz herrscht seit etwa zwei Wochen Zuckermangel; neulich gelang es ihnen, etwa 20.000 Kilo zu bekommen, und im Laden, wo er verkauft wurde, gab es eine ziemliche Razzia. Er wurde für 1 *Schillinge und 6 Pence* pro Pfund verkauft. Es gibt keine Butter; sie kann wegen des Typhus nicht aus der Milch hergestellt werden; die Milch muss gleich nach dem Eintreffen gekocht werden; sie schmeckt und riecht nie gut. Sie kostet 5 *Pence* pro Liter.

Frau Stobart hat von der serbischen Regierung eine schöne Glocke geschenkt bekommen. Darauf steht Mrs. Stobart's Hospital in englischer

Sprache und das serbische Wappen. Wir hatten nur eine kleine Ziegenglocke, die wir läuten mussten, um die Leute zum Essen zu bringen.

Heute habe ich einen der Feldgräben des Sanitätskorps der Armee ausheben lassen, und es war ein voller Erfolg. Wir brauchen ihn nicht zum Kochen, aber Mrs. Stobart wollte einen anfertigen lassen, wie sie in den Krankenstationen benötigt werden. Ich habe bereits vier schöne Öfen mit guten Backöfen und zwei große Schmorpfannen mit Holzfeuer darunter. Die Pfannen sind aus Kupfer. Wir haben tragbare Kessel für das heiße Wasser, die ganz ausgezeichnet sind; und Serben haben die Maße der Kessel und Öfen genommen, damit sie welche wie diese anfertigen lassen können.

Ich habe gerade einem der Ärzte geholfen, indem ich den Arm eines Patienten hielt, während dieser wegen eines Abszesses aufgeschnitten wurde. Ich bereue es immer wieder, dass ich keine Ausbildung zum Arzt habe. Am interessantesten finde ich es, Operationen zu sehen, denn man hat immer die Genugtuung zu wissen, dass die Patienten bald von ihren Leiden erlöst sein werden.

Dienstag, 1. Juni 1915.

Sir Thomas Lipton kam heute Morgen um 8 Uhr zum Frühstück an. Er hatte die *Daily Chronicle* , *Times* und ein oder zwei weitere Reporter dabei. Zwei oder drei serbische Offiziere kamen ebenfalls mit. Mrs. Stobart war um 5 Uhr morgens unten, um den Zug aus Uskab zu treffen.

Am Abend gab es eine große Party. Sir Thomas Lipton und viele der Offiziere kamen zum Abendessen und danach zu einem Konzert von vierzig Musikern. Die Rekonvaleszenten genossen den Abend sehr.

Als unsere Gäste uns verließen, freuten wir uns alle riesig, als wir hörten, dass unsere Briefe aus England angekommen waren, die wir seit einem Monat nicht mehr bekommen hatten.

Ich hatte neunzehn Briefe, drei Aufsätze und ein Buch. Ich blieb fast die ganze Nacht auf, um sie zu lesen.

Das Schaf, das ich neulich für 20 Dinas gekauft habe, ist ein tolles Haustier, genau wie ein Hund, und folgt uns überall hin. Wir nennen es unser Maskottchen. Es hat eine große blaue Schleife um den Hals, die ihm eine der Krankenschwestern geschenkt hat.

Heute hat unser Sergeant, der uns bei der Sekretärsarbeit hilft, Typhus. Er wurde ins schottische Fieberkrankenhaus gebracht. Er ist ein sehr netter Mann und ist seit unserer Ankunft im Lager bei uns.

Wir hatten wieder einen schrecklichen Sturm. Ich habe noch nie so viel Regen erlebt. Wenn einer fällt, ist man innerhalb einer Minute völlig durchnässt.

Mehrere unserer Mitglieder haben heute hohes Fieber; sie wurden isoliert.

Ich war heute Nachmittag bei einer Operation. Dabei wurde mir ein Zeh entfernt und zwei Zwischenfinger durchtrennt. Ich bin wirklich stolz auf unsere Chirurginnen. Sie sind wirklich ausgezeichnet und so schnell.

Freitag, *4. Juni 1915.*

Wir paddeln immer noch bis zu den Knöcheln herum. Zwei weitere Mitglieder unseres Teams liegen mit hohem Fieber im Bett. Wir hoffen, dass es nur Malaria ist. Zwei Sanitäter der serbischen Armee haben unser Lager besucht.

Frau Stobart liegt immer noch mit hohem Fieber im Bett. Ich muss jeden Morgen bei allen meinen Mitarbeitern Fieber messen und den Ärzten Bericht erstatten.

Zwei von Dr. Berrys Einheit sind für ein paar Tage in dieses Lager gekommen. Unseren sechs Invaliden geht es gut, aber sie verlangen alle nach unterschiedlichem Essen, was ziemlich anstrengend ist.

Lady Lethbridge postet dies für mich.

Wir wissen nicht, was das für ein Fieber ist. Einige unserer Mitarbeiter und die Ärzte glauben langsam, es sei Typhus, aber die Temperaturkurven sind höchst merkwürdig und ähneln überhaupt nicht dem normalen Typhus.

Ich war heute unglücklich, weil unser Hygieneinspektor alle Teiche im Lager mit Desinfektionsmitteln besprüht hat, da das Wasser stagnierte und alle glücklichen kleinen Frösche darunter leiden. Dreizehn Enten von der Farm in der Nähe haben das vergiftete Wasser getrunken und sind nach Luft schnappend und mit fast aus dem Kopf getretenen Augen in die Küche gerannt. Man hat ihnen Schüsseln mit Wasser gegeben und es scheint, als würden sie nie aufhören zu trinken. Es hat ganze sechs Stunden gedauert, bis sie sich von dem Chlorkalk und dem Wasser erholt hatten.

Sonntag, *6. Juni 1915.*

Wir hatten um 5.30 Uhr einen Gottesdienst im Messezelt. Während des Gottesdienstes kamen zwei Enten herein. Sie machten einen großen Lärm, und nach dem Gottesdienst stellten wir fest, dass sie direkt vor dem Zelt ein Ei gelegt hatten. Wir hatten einen weiteren Gottesdienst um 10 Uhr und einen weiteren um 4 Uhr, aber dieses Mal besuchten uns die Enten nicht.

Mein Hausschaf musste weggeschickt werden, da es seinen Mittagsschlaf gern in den anderen Zelten hielt. Es machte mir nichts aus, da ich es desinfiziert hatte und es wunderschön weiß und so sauber war; es war ein tolles Haustier. Ich nenne es Sir Thomas. Es wurde zum Abendessen geschlachtet und ich musste mehrere Tage ohne Fleisch auskommen. Es war so fett geworden und es war das beste Stück Fleisch, das wir im Lager hatten. Das Zerlegen war äußerst schmerzhaft.

Dienstag, *8. Juni 1915.*

Wir hatten heute fünf Besucher, vier Ärzte und Lady Lethbridge. Wir hatten wieder Truthahn. Das ist ein ganz gewöhnliches Gericht in Serbien, und die Gerichte sind so billig, nur 7 Dinas pro Stück; manche kosten 5 Dinas. Viele unserer Einheiten haben Fieber, das macht uns sehr beschäftigt.

Mittwoch, *9. Juni 1915.*

Heute haben Dr. Dearmer, zwei meiner Küchenmitarbeiter und ich eine schöne Autofahrt gemacht, da wir zu müde waren, um spazieren zu gehen, und Mr. Black hat uns in seinem Auto mitgenommen. Wir sind um 2 Uhr losgefahren und um 6 Uhr zurückgekommen. Das Wetter ist sehr heiß und in einigen Zelten beträgt die Temperatur 110°.

Donnerstag, *10. Juni 1915.*

Heute Morgen um 3.30 Uhr wurde ich von einem Schuss geweckt. Ich dachte mir nichts dabei, da man sich so an den Lärm von Schüssen gewöhnt. Um 4.30 Uhr zog ich mich an und ging los, um zu fragen, was die Patienten zum Frühstück essen würden. Als eine der Krankenschwestern und ich uns unterhielten, hörten wir eine gewaltige Explosion. Ich wusste sofort, dass es eine Bombe war, da ich in Antwerpen dasselbe erlebt hatte. Dann hörten wir, wie wir dachten, die Marconi arbeiten, und als wir über uns blickten, sahen wir, dass es ein deutsches Flugzeug war. Dann sahen wir ein weiteres deutsches Flugzeug und dann zwei österreichische. Wir wussten sofort, dass sie Kragujevatz angriffen. Sie begannen, Bomben abzuwerfen, zuerst in der Nähe des Arsenals, die glücklicherweise keinen Schaden anrichteten; dann eine in der Nähe des Königspalastes, die keinen Schaden anrichtete, aber mehrere Geschäfte zerstörte und Löcher in die Wände der Kathedrale riss. Die Bombe fiel mitten auf die Straße. In der Kathedrale gingen viele Fenster zu Bruch. Eine weitere Bombe fiel in eine Hütte und tötete ein vierzehnjähriges Mädchen, das erst seit drei Tagen in Kragujevatz war; ihre Eltern hatten sie aus Belgrad dorthin geschickt, weil sie so große Angst vor den Angriffen dort hatte. Sechzehn Menschen wurden verletzt und fünf getötet. Dann kamen sie über unser Lager, ein hervorragendes Ziel für sie, da der Marconi nur 137 Meter entfernt ist. Die nächste Bombe fiel etwa 137 Meter von unserem Lager entfernt. Der Rauch war schrecklich; ich war mir sicher, dass einige von uns die nächsten Opfer sein würden. Die meisten aus unserer Einheit erschienen in Nachtkleidung. Ich war froh, dass ich vorzeigbar war. Die nächste Bombe fiel etwa 100 Meter entfernt und die Teile waren überall im Kantinenzelt und in der Küche verstreut. Einer der Ärzte kam eilig herbei und rief mir zu, ich solle ein paar Granatsplitter aufheben, aber als wir an der Stelle ankamen, fanden wir eine arme Frau, die getroffen worden war. Ihr Arm war ein ganzer Brei; ich glaube nicht, dass sie sich erholen wird.

Ich habe etwa vierzehn Granatsplitter abbekommen, ein Stück des Propellers und die Zündschnur. Viele Bäume waren getroffen und ich habe einen Splitter aus der Rinde geholt. Von hier wurde ein Funkspruch gesendet und eines der Flugzeuge wurde abgeschossen.

Es hat noch nie einen Überfall auf Kragujevatz gegeben. Alle Wachen rund um unser Lager feuerten mit ihren Gewehren, aber es wurden keine Flugzeuggeschütze abgefeuert. Wir hatten keine großen Geschütze um uns, da es noch nie einen Überfall auf Kragujevatz gegeben hatte.

Eine weitere arme Frau wurde gegen 11 Uhr verwundet eingeliefert. Sie hatte ein kleines Baby, das *nicht* verletzt war; es war am Bein getroffen worden. Das Baby sieht genau wie ein kleiner alter Mann aus, wiegt nur 6,5 Pfund und ist ein Jahr alt; die Knochen lösen sich fast aus seinem Fleisch.

Einige unserer Mitarbeiter, die Fieber haben, sind sehr krank und manche leiden unter Delirium. Frau Stobart geht es viel besser.

Dr. Dearmer fährt nach Saloniki. Er trifft sich mit einigen neuen Mitgliedern für unsere Einheit, die am 18. Juni eintreffen sollen. Ein Zivilkrankenhaus und einige Ambulanzen sollen eingerichtet werden. Sie werden Zweigstellen dieses Krankenhauses sein. Die Pontonbrücken und Regimenter passieren täglich unser Lager. Das Wetter ist furchtbar heiß.

Wir haben begonnen, unsere Moskitonetze zu benutzen. Gestern hat mir ein französischer Pilot einen Pfeil geschenkt, einen von der Art, die sie aus Flugzeugen werfen. Außerdem habe ich ein sehr schönes türkisches Kleid bekommen.

Briefe kommen mittlerweile sehr gut aus England an; die Lieferzeit beträgt etwa dreizehn Tage.

Unsere Rekonvaleszenten singen und spielen nachts; einige von ihnen haben sehr gute Stimmen. Ihre Lieder waren im Allgemeinen Kampflieder und beziehen sich auf ihre im Krieg gefallenen Freunde. Sie sind sehr geschickt im Bau ihrer Instrumente – Flöten, Geigen –, die ausgezeichnet sind.

Ich habe gerade gehört, dass weitere Flugzeuge gesichtet wurden, aber sie wurden daran gehindert, hierher zu kommen. Die serbische Regierung glaubt, dass sie versucht haben, die Bomben auf unser Lager abzuwerfen. Wir sind meilenweit zu sehen.

Freitag, 11. Juni 1915.

Elf unserer Mitarbeiter haben Fieber; es wird ziemlich ernst. Das Seltsame daran ist, dass die Ärzte noch nicht herausfinden können, was das Fieber ist.

Wir haben 125 Patienten im Krankenhaus, 37 Soldaten als Sanitäter, Österreicher und Serben, und 59 eigene Mitarbeiter.

Neulich war es sehr lustig. Zwei große Adler wurden hoch oben fliegend gesehen. Man hielt sie für Flugzeuge und beschoss sie sofort. Die Serben sind auf Luftangriffe vorbereitet, da wir einige hervorragende Flugzeuggeschütze in ausgezeichneten Stellungen haben.

Sonntag, 13. Juni 1915.

Das Wetter ist sehr heiß. So etwas habe ich noch nie erlebt, geradezu tropisch. Einer unserer Ärzte ist heute erkrankt; zwölf unserer Mitarbeiter haben nun Fieber.

Mrs. Dearmer ist krank geworden. Mrs. Stobart, eine Ärztin, und ich haben uns über die Krankheit unterhalten. Der Arzt stellte fest, dass es sich um Typhus handelte. Ein Arzt meinte, es sei von Fliegen verursacht worden; dieser Punkt wurde jedoch verworfen, da die Fliegen erst in der letzten Woche zahlreich geworden waren. Es wurde vermutet, dass es sich um rohen

Salat handeln könnte; dies wurde jedoch wieder verworfen, da seit etwa drei Wochen kein roher Salat gegessen wurde und dieser dann in destilliertem Wasser und Essig gewaschen wurde und mehrere der Fieberpatienten nie Salat aßen. Die letzte Vermutung betraf das Lager selbst. Dies ist am wahrscheinlichsten, da dieses Lager vor unserer Ankunft mit Flüchtlingen aus allen Teilen der Welt gefüllt war; und aufgrund des sehr trockenen Wetters und der schweren Regenfälle glauben die meisten Ärzte, dass es daran liegt. Einige der Fälle waren trotz der Impfung ziemlich schlimm. Die Temperatur liegt bei 40 Grad Celsius und mehrere sind wahnsinnig. Glücklicherweise ist keiner der Verwundeten daran erkrankt.

Wir hatten heute einen schrecklichen Hurrikan und ein schlimmes Gewitter. Zwei Zelte wurden umgeweht. Die Hagelkörner waren so groß wie große Murmeln.

Dienstag, 15. Juni 1915.

Ich habe heute eine schwere Gastritis bekommen. Dr. Atkinson behandelt mich. Ich hoffe, in ein paar Tagen wieder auf den Beinen zu sein. Es ist eine Überlastung der Nerven. Wir haben fünf weitere Krankenschwestern kommen lassen, die uns helfen sollen. Ich bin sehr dankbar, dass ich keinen Typhus habe.

Mittwoch, 16. Juni 1915.

Mrs. Stobart ist wieder da.

Prinz Alexis hat sich heute Abend unser Lager angesehen. Ich fühle mich etwas besser.

Das war ein komischer Tag, den wir nie vergessen werden. Um 6.30 Uhr kam eine telefonische Nachricht vom Regierungsbüro, dass wir einen Luftangriff haben würden und dass wir unser Lager besser räumen sollten. Zwanzig Flugzeuge wurden erwartet, sechs sollten Bomben auf Kragujevatz werfen und die anderen flogen weiter zur Donau. Alle Patienten mussten über eine Straße gebracht werden und das Personal über eine andere, und sie mussten etwa eine halbe Meile vom Lager weg. Zwei Ochsen wurden in einen von Derrys und Toms Karren geladen, und Patienten, die nicht laufen konnten, wurden hineingeladen, und diese waren die ersten, die gingen. Dann kamen die Autos vorbei, um das Personal abzuholen, das nicht laufen konnte. Dr. May Atkinson wollte nicht, dass ich ging; Mrs. Stobart bestand jedoch darauf, und ich war das letzte der armen Opfer, das weggebracht wurde. Ich wurde auf eine Bahre gelegt und mit den anderen Mitgliedern der Einheit eine halbe Meile die Straße entlanggeschleudert. Wir wurden am Straßenrand abgesetzt, während andere geholt wurden. Das ging so weiter, bis das Lager tatsächlich geräumt war. Das war um 6.30 Uhr und die Flugzeuge wurden um 8 Uhr erwartet.

Nach all dieser Aufregung kamen keine Flugzeuge. Ein freundliches Mitglied der Einheit schaffte es, mir etwas Bovril zu besorgen, da ich keine feste Nahrung zu mir nehmen durfte. Gegen 10.30 Uhr wurde mir das Frühstück hochgeschickt, gekochte Eier und etwas Käse. Ich nehme an, dass man dies für eine geeignete Diät für einen Patienten mit hohem Fieber hielt.

Auch das nahe gelegene Armeelager wurde von Soldaten und Ochsen geräumt. Um 11.30 Uhr kam die Nachricht, dass wir in unser Lager zurückkehren könnten, da der Flug gestoppt worden sei und eines der Flugzeuge von den Franzosen und Italienern abgeschossen worden sei.

Ich habe fünf österreichische Pfleger; ihre Namen sind Mike, Mick, Peet, Steve und Milko; sie sind wirklich großartig und so willig. Es tut ihnen allen so leid, dass ich krank bin, und sie kommen alle vorbei, um mich zu besuchen und wollen wissen, ob ich „zu krank" sei. Mike arbeitet härter als je zuvor und sagt: „Frau krank, Mike, arbeite hart, Mike, guter Junge."

Freitag, 18. Juni 1915.

Ich habe den ganzen Tag im Bett gelegen, aber es geht mir besser. Es ist wieder sehr heiß. Vier Krankenschwestern von der Farmer-Einheit in Belgrad sind eingetroffen, um uns zu helfen; zwei vom Scotch Hospital kamen am Mittwoch und vier sind von einer anderen Einheit gekommen, also sind wir nicht mehr allein.

Allen an Typhus erkrankten Mitarbeitern geht es gut.

Samstag, 19. Juni 1915.

Ich darf heute Nachmittag kurz aufstehen und hoffe, morgen wieder auf den Beinen zu sein.

Zwei große Geschütze wurden in die Nähe dieses Lagers gebracht. Zwei der Patienten sind wieder auf den Beinen. Dr. Atkinson lässt mich erst wieder arbeiten, wenn meine Temperatur 48 Stunden lang normal ist. Die Arbeit ist sehr hart und nimmt kein Ende. Ich habe gehört, dass wir für ein paar Tage Erholung zu einer anderen Einheit geschickt werden sollen. Wir haben ständig Mitglieder anderer Einheiten, die für zwei oder drei Tage Erholung hierher kommen; es ist so schön, mit all den anderen Einheiten hier draußen befreundet zu sein.

Dr. Dearmer ist nach Saloniki gefahren, um die Mitglieder der neuen Einheit abzuholen. Sie kommen morgen an.

Wir haben gehört, dass die *Saidieh* torpediert wurde und sieben Besatzungsmitglieder ums Leben gekommen sind. Die Deutschen sind schon seit langem hinter diesem Boot her. Wir wären auf dem Weg nach draußen torpediert worden, wenn am Ostersonntag nicht das raue Wetter und der Seenebel gewesen wären.

Die *Saidieh* war gerade unter geheimen Befehlen der Regierung nach England zurückgekehrt. Ich bin dankbar, dass unser netter Kapitän John Reginald Ryall gerettet wurde. Wir sind gespannt, was der Erste Offizier und der Erste Ingenieur sagen.

Ich habe einen Serben, der mich während meiner Abwesenheit in der Patientenküche vertritt; er ist ein ausgezeichneter Koch. Er amüsiert uns mit seinem Schnurrbart; er hält ihn am frühen Morgen in einem Rahmen fest. Ich glaube, wenn er ihn beim Kochen verbrennen würde, wäre das sein Tod.

Wir haben vor zwei Monaten an diesem Freitag mit der Arbeit in diesem Lager begonnen. Wir haben gehört, dass Dr. May England am 18. mit einer frischen Einheit verlassen hat.

Das Baby der armen Frau, die durch Granatsplitter verletzt wurde, ist heute Morgen gestorben. Es ist ein Segen, da das arme kleine Ding so vernachlässigt worden war. Aber die liebe Krankenschwester, die sich um das Baby kümmerte, war untröstlich. Wir nannten sie Copper Nob, weil sie so schöne rote Haare hatte.

Die meisten der verwundeten Soldaten haben völlig die Nerven verloren. Wenn sie hören, dass Flugzeuge kommen, geraten sie in Panik. Wir sollten heute Morgen mit Ballons üben; ein Mann ist geflohen.

Wir haben hier viele Nebelkrähen und einige Vögel namens Pirol.

Montag, *21. Juni 1915.*

Heute Abend ist nichts Interessantes passiert. Wir haben immer noch jeden Tag Scharen von Besuchern, die das Lager besichtigen wollen.

Dienstag, *22. Juni 1915.*

Ich darf mein Zelt immer noch nicht verlassen. Ich fühle mich wie ein unartiges Kind, das auf sein Zimmer geschickt wurde. Meine Temperatur will nicht gehorchen und auf ihren Normalwert zurückgehen. Heute sind drei Kranke aus unserer Einheit für ein paar Tage nach Vrynatchka Banja in die Einheit von Dr. Berry gefahren. Wenn sie zurückkommen, wollen die Ärzte, dass ich gehe. Wir stecken gerade mitten in einem weiteren schweren Sturm.

Mittwoch, *23. Juni 1915.*

Zwei Männer der zweiten Bauerneinheit sind heute zu Besuch in unser Feldlazarett gekommen; sie kommen aus Pojeropatz. Wir haben jeden Abend das schrecklichste Gewitter; die Blitze hören jetzt kaum noch auf; der Donner dauert normalerweise etwa zwei Stunden; der Regen kommt in Eimern herunter.

Donnerstag, *24. Juni 1915.*

Der Korrespondent der Times , ein gewisser Mr. Robinson, wohnt hier. Es ist interessant, abends die kleinen Glühwürmchen rund um die Lager herumfliegen zu sehen; es scheint, als würden es jede Nacht mehr.

Freitag, *25. Juni 1915.*

Ich bin immer noch in der Obhut des Arztes und darf wegen meines Fiebers nicht arbeiten. Ich bin seit fast zwei Wochen in meinem Zelt, aber es geht mir fast besser. Ich soll für vier oder fünf Tage in Dr. Berrys Abteilung in Vrynatchka Banja versetzt werden. Es ist fast dreißig Meilen von hier entfernt und ein herrlicher Ort, wie ich höre. Wir werden mit dem Auto hinfahren. Keiner unserer Patienten hat mehr Typhus. Insgesamt waren 26 aus unserer Einheit erkrankt; einige waren sehr schwere Fälle. Ich habe dank meiner Impfung eine größere Widerstandskraft; die meisten, die Typhus hatten, wurden unmittelbar vor ihrer Ankunft hier geimpft.

Samstag, 26. Juni 1915.

Ich durfte heute raus. Dr. Dearmer ist gestern mit zwei Köchen, fünf Krankenschwestern und einem Chauffeur aus Saloniki angekommen; er war ihnen von England aus entgegengekommen. Sie sind für die Straßenapotheken zuständig und bleiben deshalb eine Zeit lang hier, um uns zu helfen. Mrs. Dearmer war schwer an Typhus erkrankt.

Sonntag, 27. Juni 1915.

Sir Ralph Paget hat uns heute besucht, auch ein Mr. Petrovitch. Fünf der Ärzte und meine beiden Köche kamen herüber, um mit mir Tee zu trinken. Morgen fahre ich weg.

Montag, 28. Juni 1915.

Drei der Ärzte waren krank, deshalb konnten wir heute nicht zu Dr. Berry gehen. Heute Abend hatten wir ein schreckliches Gewitter, das zwei Stunden dauerte, mit so großen Hagelkörnern. Dr. Payne, Schwester Berry und Schwester Newhall, Mr. Black und ich frühstückten um 6.15 Uhr. Wir nahmen reichlich Erfrischungen mit und verließen das Lager mit dem Krankenwagen in Richtung Vrynatchka Banja. Es ist sechzig Meilen von Kragujevatz entfernt. Wir fuhren durch eine herrliche Landschaft, und es war so malerisch, die Frauen und Jungen auf den Maisfeldern arbeiten zu sehen. Die Frauen tragen nie Hüte, nur bunte Tücher über dem Kopf, und wenn sie Trauer tragen, sind die Tücher schwarz. Wir aßen zu Mittag, als wir etwa die Hälfte geschafft hatten; dann kam ein weiteres schweres Gewitter auf, und nach ein paar Minuten konnten wir vor dichtem Nebel kaum noch etwas vor uns sehen. Wir fuhren bald hindurch und kamen wieder auf völlig trockenes Land. Die Felder sind absolut wundervoll mit wilden Blumen in den schönsten Farben.

Die Hecken bestehen alle aus Akazienbäumen und den schönsten Wildblumen. Schmetterlinge und Käfer gibt es in Hülle und Fülle. Wir hatten nur eine Reifenpanne, wechselten das Rad und fuhren fröhlich weiter. Wir kamen gegen 14.30 Uhr in Vrynatchka Banja an. Wir wurden von den Mitgliedern von Dr. Berrys Einheit herzlich empfangen; sechs von ihnen waren mit uns auf dem Saidieh unterwegs ; mehrere von ihnen waren herübergekommen, um uns in unserem Lager zu besuchen. Um 16 Uhr tranken wir Tee und um 18 Uhr gingen wir zu einem Vortrag von Dr. Berry. Abends gab es etwas Musik. Die anderen Mitglieder unserer Einheit, die hier waren, als wir ankamen, reisten am nächsten Morgen um 9 Uhr nach Kragujevatz ab und ließen uns drei hier, um uns auszuruhen. Wir verabschiedeten sie; dann gingen Schwester Berry und ich in die Stadt und ließen Schwester Newhall im Bett zurück. Dieser Ort ist einfach bezaubernd; er ist viel schöner als Kragujevatz und einer der angesagtesten Badeorte in Serbien. Dieses Krankenhaus ist sehr groß und wir haben warmes und kaltes Wasser und elektrisches Licht. Dr. Berry hat außerdem noch mehrere andere Krankenhäuser; sie haben nur 130 Patienten. Heute Nachmittag ging ich in die große Station, um mit den Verwundeten etwas Musik zu machen. Wir haben für sie gesungen und gespielt. Die Verwundeten sind sehr dankbar für alles, was getan wird. Sie nennen uns alle „Sistra" und oft „Dobra Sistra", was gute Schwester bedeutet. Die serbischen Männer sehen so zerbrechlich aus, mit Ausnahme der Oberschicht, die meist aus feinen, stark aussehenden Männern besteht. Die Frauen sind prächtig, so gutaussehend und stark aussehend; sie verrichten den Großteil der Handarbeit. Der großartige Mut der serbischen Frauen wird nie vergessen werden. Einige haben Vater, Brüder, Ehemänner und Söhne verloren. Diese Frauen haben eine einfache Antwort: „Sistra, sie sind für ihr Land gestorben!" Angesichts eines solchen Patriotismus können wir nur niederknien und für den einfachen Glauben beten, der jeden von uns lehren wird, mutig genug zu sein, dasselbe zu tun. Ihr Land, schön und fruchtbar wie unser eigenes, ist verwüstet; Krankheit, Krieg und Hungersnot, und doch geht es weiter. Die österreichischen Gefangenen erledigen die meiste Arbeit; sie sind so ein nettes Volk und so willig, und es ist ihnen egal, was sie tun. Sie hassen den Krieg. Wir sind alle von ihnen beeindruckt. Es scheint hart, dass sie gegen die Serben kämpfen müssen. Nach dem Tee machten wir einen schönen Spaziergang; wir gingen alle früh zu Bett.

Donnerstag, *1. Juli 1915.*

Heute sind es gerade drei Monate, seit wir von zu Hause weggegangen sind. Heute Morgen ging ich in die Küche und lernte mehrere serbische Gerichte. Meinen beiden Begleitern ging es nicht gut, also blieben sie im Bett. Ich besuchte sie um 10.30 Uhr und fand Schwester Berry sehr rot vor. Ich maß ihre Temperatur und fand sie bei 103° und ihren Puls bei 116°, also holte ich den Arzt und sie muss im Bett bleiben. Ich verbrachte diesen Nachmittag mit Schwester Berry, und heute Abend wurden wir in die Stadt geführt. Wir gingen an zwei Krankenhäusern vorbei, dann durch den Park und zur Post, um Briefmarken zu holen. Das Postamt war geschlossen, aber das Mädchen war draußen, also bediente sie uns; sie hatte kein Wechselgeld und vertraute uns Briefmarken im Wert von 2 Dinas an, was zeigt, wie sehr die Serben den Engländern vertrauen. Die Stadt ist sehr malerisch, überall so schöne Bäume; die Geschäfte sind sehr klein. Ich kaufte einige schöne bunte Strümpfe. Ein

Mann im Krankenhaus muss an Drüsen operiert werden und darf nichts essen. Als es Zeit für seine Operation war, weigerte er sich, sich behandeln zu lassen; Die Ärzte konnten ihn jedoch überreden. Nach dem Chloroform wurde ihm heftig übel, und er erbrach nichts als rote Masse. Die Ärzte dachten zuerst, es sei Blut, und sie dachten, sie hätten eine Ader durchtrennt. Es scheint jedoch, dass der Mann losgegangen war und sich mit Maulbeeren vollgestopft hatte, da er nicht hungern wollte. Weiße und rote Maulbeerbäume wachsen hier wild. Ich suchte einen Arzt in Dr. Banks' Abteilung im Rotkreuzkrankenhaus auf, um Dr. Dearmer aufzusuchen; sie erzählten uns die Geschichte, die Dr. Dearmer in den englischen Zeitungen über den Mann geschrieben hatte, den man für tot hielt und der in seinen Sarg gelegt wurde. Nachdem der Sarg in die Leichenhalle gebracht worden war, gelang es dem Mann, herauszukommen, und er wurde von der Krankenschwester wieder in seinem Bett gefunden.

Freitag, 2. Juli 1915.

Ich hatte einen sehr interessanten Tag. Einen Teil des Morgens verbrachte ich auf den Krankenstationen und half beim Verbandswechsel. Es ist wirklich schrecklich, diese armen Männer zu sehen. Die meisten von ihnen haben ihre Beine und Füße verloren. Hunderte und Hunderte von Männern haben ihre Zehen und Füße durch Erfrierungen verloren. Ein armer Kerl von nur 22 Jahren hat beide Füße verloren und ruft mich oft an, um mir die beiden Stümpfe zu zeigen. Es wäre ein Segen, wenn einige dieser armen Männer sofort getötet worden wären, anstatt all das Leid zu ertragen. Die meisten von ihnen scheinen glücklich zu sein, und das liegt daran, dass sie nicht wieder in den Kampf ziehen können. Schwester Berry und Schwester Newhall waren fast den ganzen Tag im Bett. Sie sind in meiner Obhut. Nach dem Mittagessen verbrachte ich den Nachmittag in der Küche und lernte serbisches Kochen. Ihre Methode, Gebäck zuzubereiten, ist absolut wunderbar. Sie verarbeiten das Mehl mit Wasser und Fett zu einer Paste. Dann wird sie über Tische gespannt und so lange ausgezogen, bis sie so dünn wie Papier ist. Heute Abend wollte ich in die Stadt gehen, aber wir besuchten eine Französin und dann kam ein heftiger Sturm auf, sodass wir nicht weiterkamen.

Samstag, 3. Juli 1915.

Dr. und Frau Berry fuhren am Morgen zu einer Konferenz nach Kragujevatz. Wir gingen in die Stadt, kauften ein und aßen in einem Café Himbeergetränk und Kuchen; wir machten einen herrlichen Rückweg. Am Nachmittag hörten wir, dass eine Beerdigung stattfand; dann hörten wir in der Ferne lautes Wehklagen, also zogen wir unsere Sachen an und gingen zum Friedhof. Wir trafen die Prozession von etwa zwanzig Frauen mit vielen Bannern und Körben voller Essen. Es schien, dass die Leiche, um die sie trauerten, schon seit längerem tot war, vierzig Tage, es war also nur ein Jahrestag. Als wir am Friedhof ankamen, legten die Frauen die Fahnen an einen Baum, knieten dann um das Grab herum nieder und begannen bitterlich zu jammern und zu weinen. Dann zündeten sie Kerzen an und stellten sie auf das Grab. Sie packten die Körbe aus und stellten Teller mit Essen überall auf das Grab – Brot, Reis, in Scheiben geschnittene Gurken, Kirschen, kleine Schüsseln mit Marmelade, Zwiebeln, kleine Gläser mit Wein und Karaffen mit Wasser. Wir beobachteten diese Zeremonie etwa eine halbe Stunde lang. Einige der Trauernden aßen das Essen und küssten immer wieder das Grab. Es gab unzählige Trauernde an anderen Gräbern, die dasselbe taten. Es war der erbärmlichste Anblick, den ich je gesehen habe. Es war so traurig, die armen Dinger zu sehen.

Sonntag, 4. Juli 1915.

Ein sehr nasser Tag; nichts als Regen und Donner. Nach dem Tee gingen wir hinunter, um ein Schwefelbad zu nehmen. So ein malerischer Ort; es war ein rundes, tiefes Loch mit fließendem Wasser, nur etwa sechs Meter breit; das Wasser war warm. Nach dem Frühstück machten wir einen weiteren Spaziergang zum Friedhof. Alle Lebensmittel, die am Samstag auf den Gräbern zurückgelassen worden waren, waren von den Frauen aufgegessen worden, die um die Gräber herum geklagt hatten, mit Ausnahme einiger Äpfel und Kirschen, die auf den Simsen einiger der Kreuze zurückgelassen worden waren. Wir machten einen schönen Spaziergang durch einige Wälder zurück. Es gibt Massen von wilden Kirschbäumen, die mit Kirschen, wilden Maulbeeren und Walnüssen beladen sind. Auch die Weinreben sind zahlreich und sehr gut gepflegt. Das Land ist ziemlich gut kultiviert, wenn man bedenkt, dass alle Männer kämpfen. Die Frauen sind großartige Arbeiterinnen. Heute Nachmittag ging ich wieder, um einige serbische Gerichte zu lernen. Es gibt hier eine so nette Frau als Köchin. Sobald sie hörte, dass ich interessiert war, sagte sie, sie würde mir einige ihrer Gerichte zeigen, und Dr. Berrys Schwester ist so nett und lässt mich in die Küche gehen, damit ich lernen kann. Wir haben die meisten Krankenhäuser hier besucht; wirklich sehr gut, und sie sind so sauber. Der Park ist herrlich, aber es hat mich amüsiert, überall auf den Wegen Spucknäpfe zu sehen.

Dienstag, 6. Juli 1915.

Wir gingen heute Morgen einkaufen und kamen durch den Park nach Hause. Nach dem Mittagessen ruhten wir uns bis 14:30 Uhr aus und machten dann ein Picknick, da eine der Krankenschwestern Geburtstag hatte. Wir gingen nicht weit, nur bis zur Spitze des Hügels, aber die Aussicht war großartig, das Licht und der Schatten so perfekt. Kurz bevor wir zu unserem Picknick aufbrachen, kam Mrs. Berry, die das Wochenende in unserem Lager verbracht hatte, mit einer Krankenschwester zurück, um mich zum Lager zurückzubringen. Sie kamen mit dem Zug; Dr. Berry und eine andere unserer Krankenschwestern kamen mit dem Auto. Wir hörten eine sehr traurige Nachricht, und zwar, dass eine der Krankenschwestern gestorben war, Schwester Ferris, ein starkes, gesundes Mädchen von 25 Jahren. Sie sollte im September heiraten. Sie erkrankte ungefähr eine Woche vor mir an Typhus. Das spricht nicht gerade für Impfungen. Schwester Ferris war eine gute Krankenschwester; sie hatte ein fröhliches Wesen und war immer gleich. Sie konnte Serbisch besser als alle anderen im Lager und konnte die serbische Nationalhymne singen. Es scheint seltsam, dass sie auf diese Weise Serbisch gelernt und dann auf dem Land beerdigt wurde. Anscheinend starb sie am Sonntagnachmittag um 15 Uhr. Sie wurde in die Leichenhalle der Stadt gebracht und am Montag beerdigt. Sie hatte ein großes militärisches Begräbnis. Das gesamte Personal unseres Lagers war dabei, alle Regierungsbeamten und die Einheiten der anderen Krankenhäuser und alle Ärzte aus dieser Gegend, die zur Ärztekonferenz nach Kragujevatz gekommen waren. Sie hatten eine Band und sie wurde neben den anderen Krankenschwestern beerdigt, die im Scotch Hospital in Kragujevatz gestorben waren. Sie wurde nur in ein provisorisches Grab gelegt, da die Regierung nach Kriegsende ein Denkmal für alle Toten errichten wird. Dr. Dearmer leitete den Gottesdienst. Das letzte Mal, dass ich Schwester Ferris sah, war am Abend vor meiner Ankunft hier. Ich ging, um einen Blick auf all unsere armen Invaliden zu werfen. Als das arme Mädchen mich sah, sah sie auf, lächelte und winkte mir zu. Ich dachte nicht, dass dies das letzte Mal sein würde, dass ich sie sehen würde. Schwester Ferris und ich machten immer kleine Scherze miteinander, wenn sie zum Essen kam; sie war bei allen in ihrer Station beliebt. Es scheint, dass dies der erste englische Gottesdienst ist, der in einer griechischen Kathedrale abgehalten wurde; der Prinz gab seine Zustimmung und schickte seinen Sekretär.

Einem Kind wird außerhalb des Operationssaals ein Abszess entfernt.

Lady Cook und österreichische Pfleger im Lagerkrankenhaus von Mrs. Stobart, Kragujevatz.

Gesicht Seite 64

Mittwoch, 7. Juli 1915.

Wir fahren heute Nachmittag um 3 Uhr los. Heute Morgen war ich einkaufen, habe viele Taschentücher und einige serbische Töpfe gekauft. Um

2.30 Uhr kam der Wagen, um die beiden Krankenschwestern, die gekommen waren, um mich abzuholen, und mich zum Bahnhof zu bringen. Schwester Newhall kam mit uns und Mrs. Berrys Schwester, Miss Dickinson. Wir hatten drei Meilen Fahrt zum Bahnhof; wir kamen um 3.20 Uhr an und der Zug wurde um 4.15 Uhr erwartet, aber er kam erst um 5.10 Uhr an. Das ist in Serbien üblich; wir haben nur noch sechzig Meilen vor uns. Wir kamen um 9 Uhr an; der Zug hielt an jedem Bahnhof 15 bis 20 Minuten, sodass die Leute aus dem Zug aussteigen und sich an den Gleisrand setzen. Es macht die Reise ziemlich angenehm, wenn man nicht unter Zeitdruck steht. Unser Zug fuhr weiter nach Belgrad. Wir hatten zwei Franzosen und alle anderen waren Serben in unserem Wagen. Der Zug war voller Soldaten, die nach Belgrad fuhren. Die Soldaten reisen alle in Lastwagen, die Offiziere auf die übliche Art und Weise. Ich frage mich, wie das unseren Tommies gefallen würde. Wir sollten die Nacht in einer kleinen Hütte verbringen, die Dr. Banks für das Rote Kreuz in Stellatch gemietet hatte. Ein Junge am Bahnhof bestand darauf, dass es so einen Ort nicht gäbe; die Bahnbeamten wollten, dass wir am Bahnhof blieben, aber wir bestanden auf unserer kleinen Hütte und fanden sie bald im Dunkeln. In dieser Hütte wohnte eine sehr nette Frau mit ihren beiden Kindern, einem Mädchen und einem Jungen. Wir wurden mit zwei Tragen in dieses Zimmer gebracht. Ein netter Serbe am Bahnhof, der Französisch konnte, sagte, es gäbe nur zwei Tragen, also schickte er eine dritte hoch. Wir aßen ein paar Sandwiches, die wir mitgebracht hatten, und machten es uns dann für die Nacht auf den Tragen gemütlich, aber wegen Flöhen und Mücken konnten wir nicht schlafen. Wir hörten, dass der Zug nach Kragujevatz um 7 Uhr abfuhr, also standen wir kurz nach 5 auf. Es war sehr merkwürdig, auf dem Weg kleine Jungen und Mädchen zu sehen, die Schaf-, Schweine- und Hühnerherden entlang der Straßen trieben. Alle Kinder hier scheinen ziemlich erwachsen zu sein; die Schulen sind alle geschlossen, und sie müssen ihren Müttern auf den Feldern helfen. Die Mädchen sehen sehr adrett aus; sie tragen alle ein Seitenscheitel und einen hübschen Zopf hinten oder um den Kopf gewickelt und haben ein Taschentuch um den Kopf gebunden. Die Frauen mittleren Alters tragen ein Mittelscheitel, und das Haar bedeckt immer die Ohren. Es ist furchtbar heiß. Als wir am Bahnhof ankamen, wurde uns gesagt, dass der Zug erst um 1.30 Uhr abfahren würde. Wir haben den ganzen Tag versucht, unter einem Baum Schatten zu suchen, da es zum Gehen zu heiß ist. Es ist jetzt 12.45 Uhr, und unser Zug trifft am Bahnhof ein; unser Gepäckträger war gerade den Hügel hinaufgeeilt, um uns abzuholen; es kommt nicht oft vor, dass ein Zug 50 Minuten vor der angegebenen Zeit abfährt. Nach einer äußerst langweiligen Fahrt kamen wir um 7 Uhr in Kragujevatz an. Es war so komisch. Eine halbe Stunde bevor wir in Kragujevatz ankamen, entdeckte ich, dass Miss Vera Holmes und Mrs. Haverfield im selben Zug saßen. Es war so schön, sie zu sehen; Sie wollten ins Scotch Hospital und haben mich deshalb gebeten,

morgen mit ihnen Tee zu trinken. Als wir in Kragujevatz ankamen, konnten
wir kein Taxi bekommen, also mussten wir telefonisch eines der Taxis rufen,
um uns abzuholen.

Freitag, 9. Juli 1915.

Wir wurden so herzlich empfangen. Einer der Köchinnen geht es nicht gut,
deshalb musste ich ihre Arbeit übernehmen. Ich ging zum Tee ins Scottish
Women's Hospital, um Miss Vera Holmes und Mrs. Haverfield zu treffen.
Ich blieb nicht lange, da ich viel zu tun hatte, da so viele in unserer Einheit
krank sind. Mrs. Dearmer ist schwer krank. Das ist die beängstigendste
Nacht; sie hat fünf Ärzte bei sich; sie hat Typhus und eine doppelseitige
Lungenentzündung. Alle zwanzig Minuten bekommt sie Sauerstoff; es wäre
schrecklich, wenn ihr etwas zustoßen würde; sie ist so nett und wir alle
mögen sie so sehr.

Samstag, 10. Juli 1915.

Mrs. Dearmer geht es heute etwas besser. Die Vorräte für die Apotheken am
Straßenrand sind heute eingetroffen.

Sonntag, 11. Juli 1915.

Das war ein sehr trauriger Tag. Die liebe Mrs. Dearmer ist um 19.30 Uhr
gestorben. Sie wurde heute Nachmittag um 17 Uhr beerdigt, da es ein
Feiertag war und die Beerdigung sofort stattfinden musste. Um 19 Uhr
kamen vier von Dr. Berrys Einheit aus Vrynatchka Banja, um zwei Tage in
unserem Lager zu bleiben. Ich habe mich um das Krankengeschirr für die
Typhuspatienten gekümmert. Ich habe für Mrs. Dearmer eine große
Kreuzung aus wunderschönen weißen Wildblumen mit Akazien und
Clematis gemacht. Die serbische Regierung hat einige schöne Kränze
geschickt. Der Sarg war aus Silber und Gold, sehr schön. Er trug die Union
Jack und war mit Kränzen bedeckt. Um 16.30 Uhr wurden die sterblichen
Überreste aus ihrem eigenen Zelt in ein Zelt gebracht, das wir in eine kleine
Kapelle verwandelt hatten. Es sah wirklich hübsch aus. Um 17 Uhr kam der
Leichenwagen an, ein schaurig aussehendes Ding, auf dessen Dach die Statue
eines Mannes in Rüstung saß. Als ich das sah, erschrak ich furchtbar. Es
erinnerte mich an einen Zirkus. Dann trafen alle Regierungsbeamten und
Offiziere ein – die Franzosen, Engländer und Serben. Der Prinz schickte

einen Vertreter. Scharen von Menschen aus anderen Einheiten trafen ein. Wir hatten eine Militärkapelle. Dann trafen die Priester ein, zwei in blassblauen, mit Gold verzierten Gewändern aus orientalischem Satin, einer in einem mit Gold eingefassten orientalischen Pfauensatin, einer in einem mit Gold eingefassten reichen Samt, einer in einem mit Gold eingefassten roten orientalischen Satin und der sechste in einem schwarzen, mit Silber eingefassten Gewand. Jeder Priester trug eine Kerze, dann kamen zwei andere Männer mit Weihrauch. Wir alle folgten zu zweit dem Leichenwagen bis zur griechischen Kathedrale. Auf dem Weg zur Kathedrale waren alle Straßen von Menschen gesäumt, und die Kathedrale war vollgestopft. Der Sarg wurde neben den Altar gestellt, und wir standen alle um ihn herum. Eine große brennende Kerze wurde vor den Sarg gestellt, und die sechs Priester standen davor. Sie nahmen alle am Gottesdienst teil. Ich vergaß zu erwähnen, dass ein Kreuz aus Silber war, auf dem Mabel Dearmer stand, und es hatte eine große Schleife. Die Kapelle spielte, bis wir die Kathedrale erreichten, und als sie aufhörte, sangen die Leute. Die Serben haben schöne Stimmen. Sie erinnern mich an die Waliser. Es war schrecklich traurig; der Gesang in der Kathedrale war herrlich; der Gottesdienst dauerte etwa anderthalb Stunden. Einer der französischen Offiziere las eine kleine Ansprache von den Stufen der Kathedrale, dann gingen wir weiter zum Friedhof, etwa eine Meile; die Kapelle führte, dann der Leichenwagen und die Trauernden. Dr. Dearmer, Dr. Marsden und Dr. Atkinson trafen uns am Friedhofstor; die Priester setzten ihre Gebete auf Serbisch fort; dann las Rev. Mr. Little, der gekommen war, um sich unserer Einheit anzuschließen, unseren englischen Gottesdienst. Das Grab war weiß ausgekleidet und mit Clematis geschmückt. Mrs. Dearmer wurde neben Schwester Ferris beerdigt. Der Sarg wurde in eine Kiste hinabgelassen, dann wurde der Deckel darauf gelegt. Nach dem Gottesdienst fuhren Dr. Dearmer, Dr. Marsden und Dr. Atkinson für ein paar Tage mit dem Auto weg. Wir stiegen alle in Autos und Kutschen und kehrten ins Lager zurück.

Montag, 12. Juli 1915.

Wir waren den ganzen Tag damit beschäftigt, die Straßenapotheke zu packen und vorzubereiten. Dies wird das Hauptdepot sein. Die erste Apotheke wird 25 Meilen von hier entfernt sein. Die Einheiten für die Apotheke gehen am Mittwoch. Ich habe heute die schönste Raupe bekommen. Sie ist drei Zoll lang und hat ein wunderschönes Grün mit wunderschönen hellblauen Flecken und kleinen Haarbüscheln um die blauen Flecken. Was es ist, weiß ich nicht, und ein Mann, der sich mit solchen Dingen sehr gut auskennt, könnte es mir nicht sagen. Ich habe heute Abend zwei Mitglieder unserer

Einheit besucht, die nach Nish aufbrechen. Heute hat ein Franzose in einem serbischen Flugzeug über unserem Lager geübt. Es ist sehr aufregend.

Dr. Dearmer hat beschlossen, morgen nach England zurückzukehren.

Dienstag, 13. Juli 1915.

Wir haben heute die Vorbereitung der Vorräte für die Apotheke abgeschlossen. Dr. Dearmer und Dr. Marsden sind nach Malta aufgebrochen. Dr. Dearmer hat seinen Sohn dort.

Mittwoch, 14. Juli 1915.

Heute Morgen standen wir um 4.15 Uhr auf, als zehn der neuen Einheit aufbrachen, um die 25 Meilen entfernte Krankenstation zu eröffnen; sie brachen mit ihrer gesamten Ausrüstung auf. Gerade als sie bereit waren, loszufahren, trafen der ehrwürdige Mr. Sewell und Mrs. Sewell aus Belgrad ein. Dr. Hanson, Mr. und Mrs. Sewell und ich tranken gemeinsam Tee in Dr. Atkinsons Zelt. Heute Morgen nahm mich Major Potridge mit ins Arsenal, um eine Transportküche auszusuchen, die die Serben den Österreichern abgenommen hatten. Ich wurde durch das ganze Arsenal geführt, was höchst interessant war. Es ist höchst erstaunlich, wie viele Waffen die Serben den Österreichern abgenommen haben. Mr. Paulhan, der französische Flieger, ist hier. Er hat den Daily Mail- Preis gewonnen; er fliegt sehr oft über das Lager und fliegt nach Belgrad. Sechs aus unserer Einheit fliegen heute Abend für ein paar Tage nach Belgrad. Ich hoffe, dass ich noch hinfahren kann, bevor ich nach England zurückkehre.

Freitag, 16. Juli 1915.

Mrs. Stobart und drei Regierungsbeamte suchten einen Standort für eine weitere Apotheke aus. Ich stand um 3.30 Uhr auf und wir frühstückten um 4.30 Uhr. Ich ging auf den Markt, um Dinge für die Woche zu bestellen. Sonntag ist der beste Tag für den Markt. Es ist so malerisch, all die Serben in ihren urigen Kostümen zu sehen. Die Zigeuner sind bezaubernd. Sie tragen wunderschöne gestreifte Röcke, selbstgesponnene, schöne bunte Gürtel mit großen Schnallen, selbstgemachte, wunderbar bestickte Strümpfe, ausgefallene Zuaven und ausgefallene bunte Schals auf dem Kopf. Einer der

Ärzte und ich wurden zu einer Verlobungsfeier eingeladen. Es war wirklich sehr interessant. Einem unserer Dolmetscher, der alleinstehend war, wurde gesagt, dass es ein Mädchen gäbe, das eine geeignete Ehefrau für ihn wäre, also besuchte er sie Anfang letzter Woche, sie gefiel ihm und machte ihr einen Heiratsantrag. Sie ist neunzehn und er ist etwa fünfunddreißig Jahre alt. Das Mädchen besitzt ein Maisfeld, ein Weizenfeld und einen Walnussbaum. Dies gilt als sehr gute Mitgift. Um 3.30 Uhr rief uns der Dolmetscher; das Häuschen, in dem das Mädchen und ihre Leute leben, liegt etwa zehn Gehminuten vom Lager entfernt. Auf unserem Weg trafen wir mehrere Verwandte des Mannes. Als wir das Haus erreichten, wurden wir von ihren Verwandten empfangen, die den ganzen Weg zur Haustür entlang standen. Die Männer schüttelten uns die Hände und die Frauen küssten unsere Hände. Wir wurden in das Vorderzimmer geführt, ein recht großes mit einem Tisch in der Mitte; an den Wänden hingen überall Wandteppiche, die das Mädchen gewebt hatte. Die Serben machen die schönsten Handwebarbeiten, und alles wird aus reiner Wolle von Schafen gemacht, die man die Frauen spinnen sieht, wenn sie durch die Straßen gehen. Wir saßen um den Tisch herum und unterhielten uns, bis alle Gäste eingetroffen waren. Das Mädchen ging herum und küsste alle weiblichen Verwandten auf Hände und Gesicht, die Männer und die Gäste auf die Hände, der Verlobte tat dasselbe; dann stand das verlobte Paar in der Mitte des Zimmers und ließ sich den Ring überreichen, einen goldenen Ring mit einem Diamanten und einem Rubin. Der Ring wurde an den kleinen Finger der rechten Hand gesteckt. Das verlobte Paar küsste alle Leute noch einmal; dann begannen wir mit Erfrischungen. Das Mädchen machte alles. Zuerst wurde ein Tablett mit einer Schale Kuchen und Gläsern Wein herumgereicht; damit sollten wir auf die Gesundheit der Gäste trinken. Wir tranken nur einen Schluck Wein und die Gläser wurden wieder auf das Tablett gestellt; dann ging das Mädchen hinaus und brachte ein weiteres Tablett herein, denselben Wein und Kuchen; damit sollten wir auf die Gesundheit der Braut trinken; dann wurde ein drittes Tablett hereingebracht, um auf die Gesundheit des Bräutigams zu trinken. Dann kam ein Tablett herein mit zwei Schalen Marmelade und Gläsern mit kaltem Wasser und Löffeln. Wir aßen alle einen Löffel Marmelade und tranken ein wenig Wasser; auf dem letzten Tablett standen kleine Tassen türkischen Kaffee. Danach saßen wir da und unterhielten uns; die Zeremonie war vorbei. Glücklicherweise waren wir nicht weit vom Lager entfernt, da ein Blizzard mit einem fürchterlichen Sandsturm aufzog. Wir eilten herbei, um mit den Zelten und Patienten zu helfen. Das war eine schwierige Aufgabe. Wir ließen unsere Patienten mit den Autos zu unserem neuen Gebäude in der Nähe bringen. Die Zelte der Krankenstation hielten gut; da sie alle doppelt sind, fielen nur drei herunter, und die Stangen waren nicht gebrochen, sodass sie bald wieder aufgestellt werden konnten. Insgesamt fielen fünfzehn herunter, das Personalmessezelt, das Männermessezelt, das Küchenzelt und einige der Schlafzelte. Mehrere Militärbeamte halfen uns. Der Sturm dauerte zwei Stunden, und dann war alles wieder ganz ruhig. Wir hatten ein schönes Picknick-Abendessen unter einem großen Unterstand, den die Regierungsbeamten für uns errichtet hatten. Am nächsten Tag waren wir damit beschäftigt, die Dinge nach dem Sturm in Ordnung zu bringen. Mir ging es wieder nicht gut, also wurde ich ins Bett geschickt. Am Nachmittag musste ich aufstehen, um zu packen, da Dr. Atkinson für mich eine Fahrt nach Belgrad ins Britische Fieberkrankenhaus arrangiert hatte. Vier Leute aus unserer Einheit kehren nach England zurück, deshalb sind sie mit uns nach Belgrad gekommen. Acht von uns fuhren mit dem Zug Nr. 12 nach Belgrad. Wir hatten einen Durchgangswagen, sehr bequem. Dr. Curcin hatte ihn für uns organisiert. Der englische Militärattaché, Col. Harrison, verabschiedete uns. Ein Auto brachte uns aus dem Lager; Wir hatten eine schöne Reise und kamen um 10 Uhr in Belgrad an. Es ist traurig zu sehen, wie Belgrad zerstört ist. Unser Kutscher war zu komisch. Die Straßen waren furchtbar schlecht; wir wurden von einem ziemlich jungen Jungen gefahren. Er sprang auf halbem Weg vom Bock, um einigen seiner Freunde in einem Karren die Hand zu schütteln; er bekam eine Zigarre von ihnen, zündete sie an und rannte dann wieder hinter seinem Wagen her. Wir waren mit unseren beiden Pferden eine ziemlich lange Strecke gefahren. Als wir ein Stück weiter waren, sprang unser Kutscher wieder herunter, diesmal um am Straßenrand etwas zu trinken und einen Kuchen zu kaufen. Wir kamen um 11 Uhr im britischen Fieberkrankenhaus an; wir bekamen ein sehr schönes Zimmer, und die beiden Krankenschwestern und ich wurden ins Bett geschickt, und wir mussten 48 Stunden lang leichte Kost zu uns nehmen. Ich habe nur Milch bekommen, deshalb bin ich sehr verärgert; im Bett ist es sehr langweilig, aber ich kenne viele von der Bauerneinheit, da so viele mit uns in *Saidieh waren* .

Dienstag, *20. Juli 1915.*

Wir hatten einen langweiligen Tag im Bett. Belgrad wurde von Bomben furchtbar zerstört. Dieses Krankenhaus liegt an der Donau; es ist höchst interessant. Die Scharfschützen haben heute viel geschossen, und wir hören die Schüsse nachts. Es ist eine Schande, dass so viele dieser schönen Gebäude in Trümmern liegen.

Mittwoch, *21. Juli 1915.*

Immer noch im Bett und auf Milchdiät; es ist eine langweilige Arbeit. Heute Nachmittag ist ein österreichisches Flugzeug über uns geflogen und die Serben haben darauf geschossen.

Donnerstag, *22. Juli 1915.*

Heute Morgen um 3.40 Uhr begann heftiges Feuer, das eine halbe Stunde anhielt. Kurz darauf hörten wir Flugzeuge; es waren zwei österreichische, die Bomben abwarfen. Sie flogen viele Male über dieses Krankenhaus. Die Serben begannen auf sie zu schießen, und die Granatsplitter fielen auf die Straße darunter, ziemlich viele. Wenn es mir gut gegangen wäre, hätte ich einige abbekommen. Die Flugzeuge haben jetzt viele versiegelte Pakete mit langen silbernen Bändern abgeworfen, die viele Meilen weit durch die Luft schwebten. Es war sehr schön, sie in der Sonne zu sehen. Wir haben gerade gehört, dass das lange silberne Band ein versiegeltes Paket enthielt, das an den Gouverneur von Belgrad adressiert war und besagte, dass die Serben die Stadt bombardieren würden, wenn sie sich nicht ergeben würden. Heute ist der Jahrestag der Kriegserklärung an Serbien. Ich habe gerade von den Direktoren des Instituts eine Urlaubsverlängerung um drei weitere Monate erhalten, da sie meine wertvolle Arbeit zu schätzen wissen und mir ab Beginn des nächsten Semesters weitere drei Monate Urlaub gewährt haben.

DAS BRITISCHE FIEBERKRANKENHAUS,
BELGRAD,
SERBIEN,
Freitag, *23. Juli 1915.*

Sechs Männer aus unserer Einheit kamen aus dem Lager, um sich von uns zu verabschieden. Sie kehrten nach England zurück und wollten sich vorher noch Belgrad ansehen. Die Serben feuerten ein paar Kanonen auf Semlin ab. Es ist wunderbar zu sehen, wie die serbischen Frauen arbeiten. Einige der Arbeitsräume im Arsenal waren voll von ihnen, sogar kleine Jungen und Mädchen im Alter von vierzehn und fünfzehn Jahren. Wenn die Kugeln und Patronen fertig sind, werden sie in einer anderen Maschine getestet und wenn sie Mängel aufweisen, werden sie erneut verschossen. Die österreichischen Küchen gelten als wunderbar, sie sind so gut ausgestattet.

Samstag, *24. Juli 1915.*

Ich wurde heute Morgen um 5 Uhr von weiteren Schüssen geweckt, aber das dauerte nur kurze Zeit. Sir Ralph und Lady Paget haben eine ihrer Krankenschwestern besucht, die mit Typhus in diesem Krankenhaus liegt (also kamen sie, um uns zu besuchen). Einer der Ärzte ist mit einem Pfleger hier, der sich um sie kümmert. Lady Paget sieht nach ihrer

Typhuserkrankung immer noch sehr krank aus. Ich habe lange mit ihr gesprochen; sie ist eine bezaubernde Frau, und Sir Ralph ist sehr nett. Heute hat die Zigeuner ein interessantes Fest gegeben; sie haben Einladungen an alle Krankenhäuser hier geschickt. Es fand in einem großen Gebäude statt. Mehrere Tabletts mit Erfrischungen wurden herumgereicht; danach spielten sie Geigen und einige andere lustige Instrumente; sie spielen und singen sehr gut, aber es ist so seltsam. Die Franzosen haben eine Runde in die Zigeunerdörfer geschickt, da ihre Hütten als unbewohnbar eingestuft wurden; aber das Lustige ist, dass es im Zigeunerviertel keine Krankheitsfälle gab wie in anderen Teilen Serbiens. Es regnet in Strömen und die Straßen sind einfach mehrere Zentimeter hoch überschwemmt; die Kinder ziehen ihre Schuhe und Strümpfe aus und paddeln, aber die meisten Kinder tragen weder Schuhe noch Strümpfe. Dies ist der einzige Ort in Serbien, wo es Holz- und Asphaltstraßen gibt, alle anderen Straßen sind in einem schrecklichen, kiesigen Zustand und in einem höchst beklagenswerten. Die Geschäfte sind fast alle geschlossen. Manche Leute öffnen erst abends. Der Luftangriff, den wir neulich hatten: Ein französischer Flieger flog hoch und es kam zu einem Luftkampf; Monsieur Paulhan schoss auf das österreichische Flugzeug und brachte es auf österreichischem Gebiet zum Absturz; der Flieger wurde getötet; nach dem Schuss wurde ein Foto gemacht. Dies ist das dritte österreichische Flugzeug, das von dem französischen Flieger zum Absturz gebracht wurde, seit er hierher kam. Wir hören jeden Tag die Schüsse; das französische Flugzeug fliegt über österreichisches Gebiet, und dann hören wir, wie die Österreicher darauf schießen. Fünf Meilen von hier entfernt haben wir einige unserer Marines mit großen Kanonen, ebenfalls französische und russische. Der Arzt erlaubte einer der Krankenschwestern und mir heute eine einstündige Autofahrt. Wir fuhren rund um die Stadt, vorbei am Königspalast. Einige der Gebäude sind sehr schön, aber viele liegen in Trümmern. Es dürfen keine Straßenbahnen oder Züge fahren, sonst fangen die Österreicher an zu schießen. Wenn eine der Krankenschwestern mit Mütze und Schürze in der Nähe zu sehen ist, fangen die Österreicher sofort an zu schießen; sie denken, es müssen serbische Offiziere sein.

Mittwoch, *28. Juli 1915*.

Das französische Flugzeug ist heute wieder geflogen. Eine der Krankenschwestern und ich machten eine weitere Spazierfahrt in einer klapprigen Kutsche mit zwei Pferden. Als wir ein Stück weit gekommen waren, löste sich das Rad; es wurde bald repariert und wir fuhren weiter, und die arme alte Kutsche erlitt ein zweites Mal einen Unfall, aber zum Glück waren wir in der Nähe einer Schmiede.

Donnerstag, 29. Juli 1915.

Das war ein langweiliger Tag. Der Arzt erlaubte mir nicht, das Haus zu verlassen, da meine Temperatur zu steigen droht und ich einen schlechten Puls habe. Die Österreicher sind großartige Männer, und es ist so schrecklich, diese netten, kultivierten Männer alle möglichen Drecksarbeiten verrichten zu sehen; es erinnert mich an unsere armen englischen Gefangenen in Deutschland.

Heute geht es mir viel besser, und der Arzt hat der Krankenschwester erlaubt, mich zum Hotel zu bringen, wo wir Tee tranken; es war eine so nette Abwechslung. Ein anderer aus unserer Einheit kam aus dem Lager herüber, um ein paar Tage zu bleiben. Ich hatte einen Brief von Dr. Atkinson, in dem er mir mitteilte, dass Dr. May aus England angekommen sei und dass Mrs. Stobart nach Lapovo gefahren sei, um eine weitere Krankenstation zu eröffnen. Gestern Abend sind zwei serbische Regimenter vorbeigekommen, die am besten ausgebildeten Serben, die wir seit unserer Ankunft gesehen haben; es waren jeweils achtzig in jedem Regiment; dann sind viele Pferde und Esel vorbeigekommen, beladen mit Holz. Ich bin stolz, sagen zu können, dass ich seit meiner Abreise keine Soldaten gesehen habe, die besser marschierten als unsere Männer in England.

Sonntag, 1. August 1915.

Ich durfte die letzten zwei Tage nicht raus, da der Arzt nicht zufrieden mit mir war. Dies ist ein schönes Krankenhaus mit über 500 Betten. Vor dem Krieg war es eine Universität. Die Kunsträume im obersten Stockwerk sind großartig.

Montag, 2. August 1915.

Ich durfte heute ein wenig raus. Ich ging ins Hotel, um mit unseren Krankenschwestern Tee zu trinken, die mit acht Krankenschwestern dieser Einheit nach England zurückkehrten.

Am Morgen flog unser französisches Flugzeug herüber, um die Österreicher auszuspionieren, also schossen die Österreicher darauf. Es war so merkwürdig, graue und rote Rauchwolken zu sehen, als die Granaten explodierten; es war ganz anders als die normalen Schüsse, die vorher auf die Flugzeuge abgefeuert worden waren. Viele Leute hier wären beinahe von den Bomben in die Luft gesprengt worden. Eine fiel direkt neben einem Mann, den ich gestern traf, und er wurde einen Meter weit in die Luft gesprengt und überhaupt nicht verletzt.

Dienstag, 3. August 1915.

Heute habe ich einen Spaziergang durch Belgrad gemacht, um mir die Geschäfte anzusehen. Einige von ihnen sind sehr schön, aber die Dinge sind sehr teuer und die Ladenbesitzer sind sehr merkwürdig, es ist ihnen egal, ob sie ihre Waren verkaufen oder nicht. Die Schwester, die sich um mich kümmert, hat mich heute Nachmittag auf einen kleinen Spaziergang mitgenommen. Wir sind in die Nähe der Save gegangen, um nach Semlin hinüberzuschauen. Wir dürfen nicht zu nahe herangehen, sonst schießen die Scharfschützen auf uns. Wir haben die Brücke gesehen, die über die Save führt und die die Serben gesprengt haben, um die Österreicher am Überqueren zu hindern. Wir sind auch in mehrere Häuser gegangen, die durch Bomben zerstört wurden. Wir konnten die Kathedrale in Semlin ganz deutlich sehen. Die Schwester und ich sind nachher gegangen, um uns die Kathedrale anzusehen. Die Gemälde sind sehr schön. Es ist ein Glück, dass sie – bis jetzt – innen nicht beschädigt wurde. Malaria breitet sich hier aus. Gestern hatten wir vier Fälle. Der Arzt hat Angst, dass wir uns anstecken, also müssen wir morgen ins Lager zurückkehren. Ich soll erst in zwei Wochen meinen Dienst antreten. In Serbien wurde viel über unser Lager diskutiert, und es scheint, dass der gewählte Standort nicht geeignet war. Erstens sollte ein Lager an einem Hang liegen, wie ich immer aus meinen VAD-Vorlesungen gelernt habe. Zweitens hätte die Bodenart berücksichtigt werden müssen; ich hätte gedacht, dass poröser Boden am besten wäre, aber unser Lager liegt auf Lehm. Drittens denke ich, dass wir uns erkundigen sollten, wofür das Land genutzt wurde, bevor wir unsere Zelte aufstellten. Auf unserem Gelände hatte es zuvor ein anderes Lager gegeben, und wir hörten, dass Flüchtlinge dort seit einiger Zeit lebten. Als wir ankamen, war das Land mit Ochsen, Schafen, Ziegen, Schweinen, Hühnern und Enten bedeckt, was natürlich Fliegen anzog, und da Fliegen Krankheiten übertragen, halte ich es für sehr ungeeignet.

Freitag, *6. August 1915.*

Ich wurde in der Nacht krank, deshalb ließ mich der Arzt nicht mit den anderen Mitgliedern unserer Einheit ins Lager zurückkehren. Die Krankenschwestern geben uns eine Teeparty, da sie alle möglichen schönen Dinge aus England geschickt bekommen haben. Schwester Barnes kümmerte sich um mich, ein so nettes Mädchen, das viel gereist ist; eine Krankenschwester, die vier Jahre lang im Battersea AVSH war, auch die Frau eines Arztes, die mit einem der Ärzte hier verheiratet ist; sie ist ein Mädchen aus Yorkshire, sehr charmant. Die drei Mitglieder unserer Einheit kehren heute Abend ins Lager in Vrynatchka Banja zurück. Einer der Patienten legte jeden Morgen ein Ei für sein Frühstück; es wurde festgestellt, dass er eine Henne ermutigt hatte, in sein Bett zu kommen, und dann begann sie, ihre Eier zu legen. Wir haben heute Abend sechzehn weitere Patienten mit Malaria eingeliefert bekommen; es scheint sich schnell auszubreiten, also ist es eine gute Sache, dass unsere Leute nach Kragujevatz zurückgekehrt sind. Alle Ärzte hier sind der Meinung, dass gleich zu Beginn des Typhusausbruchs Fehler gemacht wurden, indem die Fälle aus ganz Serbien in verschiedene Krankenhäuser geschickt wurden, anstatt sie in den Krankenhäusern in Nish zu belassen, wo die Krankheit zuerst auftrat, und die Ursache herauszufinden. Es scheint, dass Serbien noch immer mehr Gesundheitsinspektoren benötigt, obwohl bereits viel getan wurde und derzeit getan wird.

Samstag, *7. August 1915.*

In der Nacht wurde es mir wieder schlecht, also liege ich wieder im Bett. Der Arzt hat mir etwas Schlafmittel gegeben, also geht es mir ein bisschen besser. Man sagt, ich sei zu früh nach der Darmspülung zum Dienst gekommen. Es ist wirklich schade, dass die österreichischen Häftlinge aus dem Krankenhaus heute woanders hingeschickt wurden, sie waren so nette Leute und machen ihre Arbeit hervorragend. Derjenige, der sich um meine Station kümmerte, hat mir heute Morgen eine große Blumenschale gebracht, und er war immer so erfreut, wenn die Krankenschwester ihm erlaubte, mir meine Medizin zu bringen. Ich habe in weniger als drei Wochen 45 Briefe bekommen, die Leute schreiben mir so gern. Ich habe gehört, dass ich mehr Briefe habe als irgendjemand sonst im Lager. Mrs. Askew ist in Belgrad und hat gehört, dass ich krank bin, also ist sie vorbeigekommen, um mich zu besuchen. In ihrer Einheit gibt es im Moment nichts zu tun. Mrs. Askew hat ein Pferd geschenkt bekommen, also reitet sie jeden Morgen von 4.30 bis 5.30 Uhr. Der Kaplan, Mr. Sewell, besucht mich sehr oft; seine Frau hilft in der Küche; sie sind ein entzückendes Paar. Sie kommen aus Bristol; viele Leute hier kommen aus Nordengland. Gestern wurde ein kleiner Junge von dreizehn Jahren hierhergebracht; er hat Fieber, trug die serbische Uniform und ist Sergeant Major, so ein merkwürdiger kleiner Kerl.

Montag, 9. August 1915.

Heute Morgen hielt Mr. Sewell einen kleinen Gottesdienst für eine der Krankenschwestern, die Typhus hatte, und mich; es ist sehr schön, einen Kaplan bei uns zu haben. Bin noch im Bett, fühle mich also ziemlich matt. Mr. Winch, der Leiter dieser Einheit, hat mir heute Morgen einen Besuch abgestattet; dann kam Mr. Sewell, der Kaplan. Miss Trendle, die Oberschwester, brachte mir Bücher und Papiere. Eine Krankenschwester erzählte mir eine Geschichte, die man ihr erzählt hatte: Die Ärzte hörten einen lauten Schrei und gingen hinaus, um zu sehen, was passiert war; eine alte Frau war gestürzt und hatte sich die Kniescheibe ausgerenkt; sie ließ sich von niemandem anfassen, und sie schickten nach einer komischen alten Frau, die sie für eine Hexe hielten. Sie kam und legte zuerst etwas Zucker auf die gebrochene Stelle, dann ein pochiertes Ei; dann wurde ein Verband angelegt; dann ließ die alte Hexe Leute die verletzte Frau festhalten, während sie den kranken Fuß nahm und so fest zog, wie sie konnte.

Wir haben gehört, dass neulich viele Österreicher die Donau durchschwamm, um sich der serbischen Armee anzuschließen. Die Österreicher ertranken. Die Serben schickten ein Boot, um sie zu retten, aber es war zu spät. Vor ein paar Wochen schwamm einer der Serben hinüber und schloss sich den Österreichern an.

Donnerstag, 12. August 1915.

Heute Nachmittag um 14 Uhr begannen die Österreicher, diese Stadt zu beschießen. Die erste Granate traf zwei Türen dieses Krankenhauses und setzte das Gebäude in Brand; zwei Granaten trafen zwei der Hotels. Der Beschuss dauerte etwa eine Dreiviertelstunde, wurde aber durch unser Feuer bald gestoppt. Die Österreicher schossen aus Semlin, und die Geschütze müssen sehr groß gewesen sein, da die Granaten sehr groß waren; ich habe ein Stück davon. Dies ist in der Tat ein grausamer Krieg, so viele Menschen sind völlig ruiniert und ihre Häuser in Stücke gerissen. Die Oberschwester dieses Krankenhauses kehrt in etwa zehn Tagen nach England zurück; sie macht heute Nachmittag ein Picknick im Botanischen Garten. Einer unserer Marinesoldaten ist gerade hier angekommen. Es scheint, dass die Österreicher zwei Granaten auf Milanovatz abgefeuert haben; wir antworteten, indem wir vier Granaten auf eine ihrer Städte zurückschossen. Die Österreicher antworteten, indem sie elf Granaten auf Belgrad zurückschossen; wir schickten 22 Granaten auf Semlin zurück; dann wurde das Haus zwei Türen von diesem Krankenhaus entfernt in Brand gesteckt. Mitten auf der Straße pfiff ein Mann laut den Feueralarm. Der Arzt ließ mich in eine der hinteren Stationen verlegen, da diese Station im Schussfeld liegt; alle Patienten wurden nach hinten verlegt.

Freitag, 13. August 1915.

Wir hören, dass von hier aus 22 Bomben viele Häuser und Menschen in Semlin zerstört haben. Überall sah man Brände lodern; hier wurde nur ein Mann getötet und der Schaden war sehr gering. Die Granaten, die die Österreicher abfeuerten, stammten aus ihren 6-Zoll-Geschützen. Die Station, in der ich liege, ist heute voller Blumen; viele der Krankenschwestern haben sie mir gestern Abend gebracht; sie sind alle so nett zu mir.

Samstag, 14. August 1915.

Heute Abend gegen 10 Uhr brach hinter diesem Krankenhaus, etwa 137 Meter entfernt, ein Feuer aus. Es war eine große Brauerei und sie war bis auf die Grundmauern niedergebrannt. Wir beobachteten es bis 12 Uhr; die Funken, die durch die Luft schwebten, waren ein Anblick. Das war eine Chance für die Österreicher anzugreifen, denn Belgrad war rundherum beleuchtet. Die Suchscheinwerfer sehen entlang der gesamten Donau wunderschön aus. Wir haben hier Serben, Engländer und Franzosen.

Sonntag, 15. August 1915.

Heute Morgen haben die Serben einige Inseln entlang der Donau beschossen.

Montag, 16. August 1915.

Die Serben und Österreicher waren den ganzen Nachmittag und Abend mit Schießen beschäftigt. Wir hören, dass die Österreicher herausgefunden haben, wo die englischen Kanonen sind. Sie haben eine unserer englischen Kanonen zertrümmert; mehrere Serben wurden verwundet. Die Österreicher versuchen seit einiger Zeit, ihr Lager zu verlegen, da sie den Türken helfen wollen. Die Serben schießen auf sie, sobald ein Versuch unternommen wird. Der Himmel wurde letzte Nacht mit Suchscheinwerfern erleuchtet; das ist noch nie zuvor geschehen, und wahrscheinlich wurden Zeppeline erwartet. Die Suchscheinwerfer sind normalerweise auf die Donau und die Save gerichtet. Mein Arzt hier ist heute Abend aus unserem Lager zurückgekehrt, also habe ich einen anderen Arzt, der sich um mich kümmert.

Mittwoch, *18. August 1915.*

Mehrere aus unserer Einheit sind heute aus dem Lager herübergekommen; sie haben zwei Tage Urlaub und sind deshalb herübergekommen, um Belgrad zu sehen. Zwei bleiben noch ein paar Tage, da sich einer immer noch krank fühlt. Ich habe gehört, dass Dr. Atkinson mit einer der Pflegerinnen in Vrynatchka Banja ist, die operiert wurde; man dachte, sie würde Krebs in der Brust bekommen, aber es ist eine Zyste. Mir geht es heute Abend viel besser.

Donnerstag, *19. August 1915.*

Wir haben hier in den letzten zwei Tagen kein österreichisches Feuerwerk mehr erlebt; ich nehme an, die Serben, Engländer und Franzosen haben es gestern Abend ruhiggestellt; wir haben hier jede Menge große Kanonen. König Peter hat einen schönen Palast, der aber schwer beschädigt wurde. Heute Nachmittag durfte ich einen kurzen Spaziergang machen, dann ging ich mit einer der Krankenschwestern, die Typhus hatte, Tee trinken. Neunzehn von uns gingen zu ihrer Teeparty.

Freitag, *20. August 1915.*

Schwester Barnes fährt morgen nach Uskub, also ist vereinbart worden, dass sie mich für ein paar Tage mitnimmt, bevor sie nach Kragujevatz zurückkehrt. Wir haben heute Nachmittag ein nettes Telegramm von Lady

Paget bekommen, in dem sie uns mitteilte, dass sie uns jemanden abholen würde. Alle sind so nett zu mir; die Ärzte erlauben mir nicht, ins Lager zurückzukehren, bis ich mich wieder besser gefühlt habe. Heute Morgen bin ich zum Fort gegangen, da ich noch nirgendwo gewesen war; der Kommandant hat uns überall hingeführt und uns alles gezeigt. Wir haben durch Ferngläser aus den Schützengräben geschaut und die Österreicher auf der anderen Seite gesehen; wir konnten den Schaden sehen, den unsere Granaten auf Semlin angerichtet haben. Wir konnten zwei Monitore auf der Donau sehen; sie dürfen sich nur ein paar Meilen weit bewegen, sonst schießen wir auf sie. Wir sind in die Schützengräben gegangen, mussten aber aufpassen, nicht gesehen zu werden. Wir haben eine große, nicht explodierte Bombe gesehen; zum Glück war sie nicht explodiert; wir haben auch eine kleine gesehen, die direkt in einen Baum geschossen war. Die Gebäude rund um die Forts sind völlig zerstört. Um 16.30 Uhr holte die Oberschwester eine Kutsche für mich und ließ mich das Krankenhaus für Babys besichtigen. So viele Babys waren durch Vernachlässigung gestorben, deshalb haben sie diese „Baby Farm", wie sie es nennen, eingerichtet. Sie blickt auf die Donau, und man kann die Eisenbahnbrücke sehen, die nach Österreich führte und von den Serben gesprengt wurde. Wir tranken Tee mit einer Freundin von mir, Miss Bankhart, und dem Arzt, der mich behandelt hat. Wir konnten nicht lange bleiben, da die Kutsche auf uns wartete. Ich vergaß zu erwähnen, dass wir bei den Festungen durch einen dunklen Tunnel fuhren, der unter der Donau hindurchgeht und in Österreich endet. Er ist jetzt teilweise versperrt. Ich habe gehört, dass die anderen drei Krankenschwestern aus Kragujevatz heute Abend zurückgekehrt sind. Sie kamen, um sich von mir zu verabschieden, aber ich war oben auf der Baby Farm. Ich fahre heute Abend zu Lady Paget.

Samstag, 21. August 1915.

Schwester Barnes und ich verließen Belgrad um 6 Uhr. Unser Kutscher war ein dreizehnjähriger Junge. Er führte uns auf einer verbotenen Straße nach Topschaite. Wir mussten wie wild fahren, weil es in den Hecken des Flusses Save, den wir umfuhren, nur fünfzig Meilen entfernt Scharfschützen gab. Die Pferde rasten so schnell, dass Miss Barnes' Kutsche einen Sprung von der Kutsche machte. Der Jehu drehte sich um und sah uns an, als wollten wir aussteigen und ihn aufheben. Wir verließen den Bahnhof Topschaite um 8 Uhr. Wir hatten einige interessante Amerikaner, die in Nish ein Lager haben. Ihr Lager heißt „Columbia", weil die Einheit hauptsächlich aus Mitgliedern der gleichnamigen Universität besteht. Einer interessierte uns besonders, weil er uns erzählte, dass ein amerikanischer Jude ihn gegen Typhus geimpft hatte, was, wie wir in London gehört hatten, völlig unmöglich war. Es war ein Dr. Plot aus New York. Er ist erst fünfundzwanzig Jahre alt. Man sagte uns, dass Typhus auf Schmutz, Läuse und hygienische Bedingungen zurückzuführen sei und von österreichischen Gefangenen nach Serbien eingeschleppt wurde. Unter den anderen Reisenden, die uns interessierten, war ein Mann mit einem blaugrauen Hut, einem Khakimantel, roten Unterhosen und schwarzen Stiefeln. Er tat sich sehr leid; sein Bulldog hatte ein Stück aus seiner Hose gerissen. Er trug ein schönes Schwert mit geprägtem Motiv. Wir kamen in Nish an, einem Ort, der anscheinend unter den sieben Plagen Ägyptens leidet, unter Fliegen, Staub, Schmutz, Gerüchen usw. Man sagte uns, dass die Serben Gehirne wie Rührei hätten, da sie ihre Krankheiten im ganzen Land verbreiten. Wir kamen um 11 Uhr in Nish an. Die Amerikaner brachten uns ins Rasthaus. Wir besuchten das amerikanische Lager und gingen dann zum Büro des serbischen Roten Kreuzes, um Miss Barnes' Typhusmedaille abzuholen. Wir fuhren mit dem 8-Uhr-Zug nach Uskub oder Scoplie.

Montag, 23. August 1915.

Wir verbrachten eine angenehme Nacht im Zug und kamen um 6 Uhr morgens in Scoplie an. Unterwegs sahen wir viele Büffel und Störche auf den Feldern. Lady Paget schickte uns einen Wagen, um uns abzuholen. Wir frühstückten und gingen dann zu Bett. Lady Paget hat Lord und Lady Templemore; sie sind der Vater und die Mutter von Mr. Chichester, der vor ein paar Tagen an Typhus starb. Ich werde ungefähr eine Woche hier sein.

Die Abwechslung tut mir hier sehr gut, ich fühle mich schon wieder viel besser und bin bereit für die Arbeit. Ich hoffe, am Sonntagabend ins Lager zurückzukehren und am frühen Dienstagmorgen in Kragujevatz anzukommen. Ich habe es sehr genossen, hier zu sein, und bin ganz verliebt in diesen Ort, er ist so östlich.

Nach dem Frühstück legten sich Schwester Barnes und ich zur Ruhe, aßen zu Mittag und fuhren dann in einer von Türken gelenkten Kutsche ins Dorf. Wir kauften viele schöne Dinge. Dies ist der idealste Ort in Serbien; es ist wie ein orientalisches Dorf, es ist voller Türken und die Trachten sind höchst malerisch. Es war ein verregneter Tag; jeden Dienstag findet hier ein großer Markt statt. Der Zug nach Saloniki fuhr um 6 Uhr ab. Ich ging mit einigen Ärzten und Lady Paget zum Bahnhof; letztere verabschiedete Lord und Lady Templemore. Wir trafen einige Mitglieder der Bauerneinheit aus Belgrad, die auf der Durchreise waren. Wir kamen gegen 8 Uhr nach Hause und ich wurde bis zum Mittagessen zum Ausruhen geschickt. Nach dem Mittagessen ging ich mit zwei Krankenschwestern ins Dorf, um ein paar Einkäufe zu erledigen. Scoplie gehörte erst vor zwei Jahren den Türken; es ist mehr türkisch als serbisch.

Mittwoch, 25. August 1915.

Heute Morgen fuhren die vier Nachtschwestern und ich zum Markt, um etwas einzukaufen; ich ging auch in den Park. Der Markt hier ist sehr malerisch. Um die Kirchenglocken zu läuten, muss ein Mann auf dem Dach sitzen. Einige der Hausdächer bestehen aus Keksdosen; solange der Regen nicht hereinkommt, ist es egal, was sie verwenden.

Donnerstag, 26. August 1915.

Heute waren wir wieder in den türkischen Dörfern. Wir haben uns eine Kapelle angesehen, die voller Särge ist. Über ihnen lag ein weißes Tuch, ein türkischer Hut, oben drauf ein Stein und eine brennende Kerze. Diese Särge müssen 100 Jahre aufbewahrt werden; sie enthalten die Körper von Priestern und türkischen Königen. Um für Schneider zu werben, sieht man hier ein großes Plakat mit einem Engländer in Gehrock und Zylinder. Um für Zahnärzte zu werben, haben sie große Kästen mit falschen Zähnen und schreiben den Namen des Zahnarztes neben die Zähne. Überall sieht man türkische Friedhöfe, und man sieht Skelette und Knochen auf den Feldern herumliegen. Die Friedhöfe sind überhaupt nicht eingezäunt. Überall gibt es Harems; man kann sie immer erkennen, da die Fenster vergittert sind. Die meisten Wege hier sind mit alten türkischen Grabsteinen gepflastert.

Freitag, 27. August 1915.

Wir hören, dass Belgrad erneut bombardiert wird und dass Privatpersonen dort keinen Zutritt haben. Heute Morgen sind wir ins türkische Viertel gegangen und haben uns einige alte türkische Bäder angesehen. Ich habe mir die Stationen im Krankenhaus angesehen; es gibt dort über 400 Patienten. Malaria ist hier sehr schlimm und es hat mehrere Todesfälle gegeben. Es ist die bösartige Malaria, die so gefährlich ist. Mr. Chichester starb an einer Kombination aus Typhus und Paratyphus. Paratyphus befällt das Nervensystem. Es gibt auch noch eine andere Art von Typhus, A und B, und man kann sich gegen alle drei impfen lassen.

- 58 -

Samstag, *28. August 1915.*

Heute Morgen fuhren die Nachtschwestern und ich hinüber, um die Melonen- und Tabakfelder zu sehen. Die Tabakblätter werden auf Schnüre gefädelt und an der Außenseite der Häuser unter den Dachtraufen getrocknet; es sieht so schön aus, wenn sie herunterhängen. Nach dem Tee machten eine der Schwestern und ich eine Fahrt am Fluss entlang, und wir kamen an Tausenden und Abertausenden von Soldaten vorbei, die aus Albanien kamen. Es waren Albaner und Serben; sie hatten Hunderte von Pferden, die mit Munition und allen möglichen Transportmitteln auf dem Rücken beladen waren. Viele von ihnen hatten Ziegen und Hühner auf dem Rücken, die vollkommen glücklich und ziemlich zahm aussahen. Ich nehme an, all diese Soldaten würden die bulgarische Grenze säumen, aber wir haben noch nichts gehört. 150.000 sind in den letzten Tagen durch Scoplie gekommen. Wenn die Dächer der kleinen Hütten beschädigt werden, werden sie mit Benzin oder Keksdosen repariert.

Sonntag, *29. August 1915.*

Wir fuhren eine Runde in das kleine Dorf. Auf dem Rückweg sahen wir eine urige Band und viele Türken und Serben in den schönsten Kostümen, die rangen; es war unterhaltsam, ihnen zuzusehen. Ich verließ Lady Pagets Haus, um den Zug um 7 Uhr zu erwischen. Lady Paget kam, um mich zu verabschieden. Mr. Askew war mit dem Zug unterwegs, also war es nett, jemanden zu kennen.

Montag, *30. August 1915.*

Wir kamen um 8 Uhr morgens in Nish an. Unser Waggon war sehr voll: ein serbischer Arzt, drei serbische Offiziere und eine Französin, die mit mir reiste. Die Serben brachten uns eine schöne Melone; sie sind ganz anders als unsere englischen. Ich schreibe dies am Bahnhof in Nish. Mein Zug fährt heute Abend um 8 Uhr nach Kragujevatz. Wir stiegen bequem aus. Mr. Askew ging hinunter und besorgte mir einen schönen Schlafwagen, aber leider musste ich um 3 Uhr in Lapovo umsteigen. Ich kam um 6 Uhr in Kragujevatz an.

Dienstag, *31. August 1915.*

Als Mrs. Stobart im Lager ankam, war sie gerade auf dem Weg zu einer anderen Krankenstation. Wir haben derzeit fünf Krankenstationen in Betrieb. Eine weitere soll am Samstag eröffnet werden; dies ist die letzte. Die Chefin, so höre ich, wird in etwa drei Wochen nach England zurückkehren, da ihr Sohn aus Amerika zurückgekehrt ist. Dr. May wird die Leitung dieses Lagers übernehmen. Colonel Harrison kam zum Abendessen; er ist der englische Militärattaché. Er kehrt nach England zurück, da sein Gesundheitszustand nachgelassen hat. Nur sehr wenige Engländer können das Klima sehr lange aushalten.

Mittwoch, *1. September 1915.*

Mrs. Stobart kam aus der Krankenstation zurück. Colonel Harrison kam zum Abendessen mit dem neuen englischen Attaché; Colonel Harrison reiste gleich danach nach England ab. Er hat uns das schönste Grammophon hinterlassen.

Wir haben heute die traurige Nachricht erhalten, dass Schwester Berry bei ihrer Ankunft in England gestorben ist. Sie war ein schönes Mädchen und eine großartige Krankenschwester. Sie war meine Krankenschwester, als ich zum ersten Mal krank wurde, und ein paar Tage, nachdem wir zusammen in Vrynatchka Banja waren, ging es ihr schlecht; sie sehnte sich danach, nach Hause zu kommen.

Donnerstag, *2. September 1915.*

Heute ist nichts Interessantes passiert. Ich habe keinen Dienst, hoffe aber, in ein oder zwei Tagen wieder da zu sein.

Es ist immer noch sehr heiß, aber es weht ein starker Wind, die Abspannseile müssen ständig nachgezogen werden.

Sonntag, *5. September 1915.*

Wir hatten um 5.30 Uhr Gottesdienst. Ich half einer der Schwestern, sich für Mr. Little fertig zu machen. Mehrere von der Scotch-Einheit kamen. Freitag und Samstag war ich mit der Abrechnung beschäftigt, da mein Teil seit

meiner Abreise noch nicht erledigt war und wir etwa fünfzig Mitarbeiter und
125 Patienten haben.

Montag, *6. September 1915.*

Ich habe heute zwei Spaziergänge gemacht, zuerst mit einem der Ärzte und
dann mit einer der Schwestern. Es war der erste Spaziergang seit meiner
Krankheit. Heute Morgen gingen wir durch Maisfelder und trafen auf
unserem Weg mehrere Spinnerinnen; sie sind immer beim Stricken oder
Spinnen auf den Feldern. Ihr Stricken ist wunderbar, da sie mit
verschiedenfarbiger Wolle so schöne Muster herstellen. Wir sahen einen
Mann, der Körbe knüpfte. Zuerst sammelte er Weidenruten, legte sie in
kochendes Wasser, entfernte die Haut und begann dann mit der
Korbflechterei. Heute Morgen ging ich zum Friedhof. Man stelle sich vor,
über 11.000 Gräber seit November 1914, alles Soldaten, und jedes Grab hat
einfach nur ein kleines Holzkreuz, und in jedem Grab sind vier. Dr. und Lady
Finlay kamen herüber, um sich unser Lager anzusehen; sie kam mit uns auf
den *Saidieh* .

Ich habe die Abrechnungen bis zum letzten Tag abgeschlossen und am
Nachmittag sind etwa fünfzehn von uns mit zwei Ochsenkarren losgezogen,
um Brombeeren zu holen, da wir kaum noch Marmelade haben. Mrs. Stobart
hatte uns beim Mittagessen gefragt, wer sich freiwillig melden würde. Wir
nahmen Tee mit. Wir gingen etwa zwei Meilen, bekamen aber keinen, nur
eine aus unserer Einheit hatte uns verloren, und sie fand eine Hecke, die
bedeckt war, und schaffte es so, eine Schüssel voll zu bekommen. Die Felder
sind voller Mais, und zwischen dem Mais wachsen Kürbisse und Zucchini
und große Sonnenblumen, und an den Maisstängeln wachsen Bohnen. Der
Boden ist wunderbar reich. Einige aus unserer Gruppe haben einen großen
Kürbis mitgebracht. Die Bäuerinnen sind sehr bewundernswert; sie erledigen
die ganze Feldarbeit, und man trifft sie, wenn sie die Ochsen treiben und ein
Baby stillen. Die Ochsen sind schöne Tiere und werden so gut gepflegt, aber
sie bewegen sich sehr langsam. Die Hügel ringsum sind wunderschön; die
wundervollsten Farben.

Dienstag, *7. September 1915.*

Ich habe noch keinen Dienst, deshalb habe ich heute Morgen ein bisschen
gewaschen und gebügelt. Heute Nachmittag habe ich einen kurzen
Spaziergang gemacht und ein paar schöne Kapstachelbeeren und Blüten

gepflückt; es gibt sie in Hülle und Fülle. Die Serben machen aus den Kapstachelbeeren eine ganz gute Marmelade.

Mittwoch, *8. September 1915.*

Ich bin heute Morgen nach Kragujevatz gefahren, um einzukaufen; habe Miss Vera Holmes getroffen. Wir haben einen Hut für eine der Schwestern gekauft, die in eine Apotheke geht. So etwas sieht man noch nie; die Hüte sind genau wie die bei den Verkäufen in London, für die wir 6-½ *d. geben.* Ich bin mit Dr. Coxon spazieren gegangen, und als wir an einem Weinberg vorbeikamen, rief uns eine so nette Frau herein und gab uns Trauben und Blumen. Es ist wunderbar, wie fruchtbar der Boden ist, denn als wir im April hier ankamen, gab es sehr wenig auf dem Land, und alles scheint auf einmal zu sprießen. Wir haben hier wenig Proviant; wir haben es geschafft, etwas serbischen Speck zu bekommen, aber wenn man etwas dieser Art möchte, stellt man fest, dass eine lange Schlange von Leuten vor dem Laden steht und darauf wartet, dass er öffnet, und mein Portier geht durch die Hintertür hinein und kauft alles auf; es scheint zu schade. Tee kostet 15 *s.* pro Pfund; Brot 8-½ *d.* pro Laib; Zucker 1 *s.* 6 *d* .; Butter, 7 *Sek.*

Donnerstag, *9. September 1915.*

Ich besuchte ein Lager serbischer Soldaten. Sie hatten viele große Gewehre und Karren voller Granaten, die sie uns zeigten. In jedem Karren befanden sich 16 Granaten, das waren 15 ccm. Sie hatten auch Kisten voller Ringe aus Schießbaumwolle, in deren Mitte sich Pulver befand. Diese legten sie auf den oberen Teil der Granate, bevor sie diese abfeuerten. In diesem Lager gibt es etwa 200 Ochsen und Karren. Der Dachteil des Ochsenkarrens wird als Unterschlupf für zwei Soldaten verwendet, die darunter schlafen. Es sieht sehr bequem aus. Sie haben nur sehr wenige Zelte aufzustellen, und zwar ziemlich kleine, die niedrig am Boden liegen. Man kann darin nicht aufrecht stehen. Sechs Männer schlafen in einem Zelt. Wir besichtigten die Flugzeugkanonen und ließen uns zeigen, wie sie funktionierten. Das war sehr interessant. Dann gingen wir weiter zu dem Ort, wo die Serben das Abfeuern der Granaten übten. Sie haben hohe Steinmauern, die sie als Ziel verwenden, und in der Nähe der Mauern gibt es zwei oder drei Gräben. Wir sahen viele explodierte Granaten. Am Nachmittag machten wir einen weiteren Spaziergang und sahen die Frauen, die Wein aus Pflaumen herstellen. Sie packen große Fässer voll Pflaumen, füllen sie mit Wasser und geben etwas

Zucker hinein; sie bleiben einen Monat oder länger stehen; dann wird der
Saft abgegossen und in Flaschen abgefüllt. Ich wünschte, die Pflaumen
wären gewaschen worden! Wir trafen einige Frauen, die kunstvolle bunte
Strümpfe strickten; die Farbe wird nach dem Stricken der Strümpfe
eingearbeitet. Einige der Walnüsse hier sind fast so groß wie ein Hühnerei.

Samstag, 11. September 1915.

Heute war ich in den Stationen und habe die Nummern aller Patienten
notiert. Ich habe auch Wäsche gewaschen, dann habe ich ein paar schöne
Wildblumen besorgt und sie in unserem Wohnzimmer arrangiert. Wir haben
ein wunderschönes Indianerzelt; es ist kühl bei heißem Wetter und warm bei
kaltem; es ist innen gelb ausgekleidet. Ich habe ein sehr großes Zelt für mich
allein; es würde sechs oder acht Betten fassen, also habe ich Glück. Auf
meinem Tisch finde ich ständig Schalen mit Weintrauben, und heute Abend
fand ich eine Schale mit gekochtem Mais — so gut, dass ich vier der
Krankenschwestern einlud, um beim Essen zu helfen. Die Bauernmädchen
bringen mir all diese guten Sachen, aber natürlich muss ich aufpassen, was
ich esse. Fünf von der zweiten Bauerneinheit haben den Tag bei uns
verbracht; eine von ihnen kommt aus St. Leonards. Sie hat mich gebeten, sie
zu besuchen, wenn ich nach England zurückkehre. Ich habe auch eine
Krankenschwester aus Holland kennengelernt; sie kennt mich vom Sehen
ganz gut; sie hat früher für Dr. Stanley Turner in Battersea gearbeitet.

Sonntag, 12. September 1915.

Ich habe heute zwei kurze Spaziergänge gemacht. Die Felder sind noch voller
schöner Wildblumen und die Hecken voller roter Beeren. Ich sorge dafür,
dass das Wohnzimmer mit Blumen gefüllt ist, da ich nicht arbeiten darf, also
mache ich alle möglichen Gelegenheitsarbeiten.

Montag, 13. September 1915.

Ein verregneter Tag, also habe ich heute Morgen Karten geschrieben und
Strümpfe gestopft. Briefe und Papiere kommen nur sehr schleppend von zu
Hause. Wir haben sieben Krankenstationen bei der Arbeit; Mrs. Stobart hat
gerade die letzte eröffnet.

Dienstag, 14. September 1915.

Ich ging mit einer der Schwestern spazieren. Wir sahen ein großes serbisches Lager und dann ein Zigeunerdorf. Uns folgten Scharen kleiner Kinder; sie sind es nicht gewohnt, Fremde um sich zu haben. Dann sahen wir einen Friedhof, auf dem einige österreichische Gefangene einige alte Gräber ausgruben; sie sammelten die Schädel und Knochen und steckten sie in Tücher, um sie erneut zu begraben; es war ein grausiger Anblick. Auf diesem Friedhof hatten sie am Kopfende jedes Grabes kleine gewölbte Kamine aus Ziegeln. Ich nehme an, dass sie bei kaltem Wetter ein Feuer anzünden, wenn sie kommen, um über dem Grab zu jammern. Ich habe sieben Hufeisen aufgesammelt, also sollte ich wohl Glück haben.

Ein von Ochsen gezogener Wagen in Kragujevatz.

Im letzten Krieg von den Türken erbeutete Waffe. Von den Serben
verwendet, um deutsche Flugzeuge abzuschießen.

Gesicht Seite 96.

Mittwoch, *15. September 1915.*

Mir ging es heute wieder nicht gut, deshalb blieb ich den ganzen Tag im Bett.
Die Ärzte sagen, ich darf sechs Monate lang keine Arbeit in der Küche
verrichten; das ist sehr ärgerlich.

Donnerstag, *16. September 1915.*

Es scheint, dass die Bauern nur drei Kleidungsstücke haben, die ihnen ihr
Leben lang reichen. Der Stoff ist selbstgesponnen, sehr robust und schwer
und hat eine dunkelbraune Farbe, die sehr praktisch ist. Er ist mit schwarzen
Borten verziert.

Samstag, *18. September 1915.*

Zwei der Schwestern sind gestern Abend aus der Krankenstation angekommen. Sie hatten mehrere Pockenfälle; von sechs Fällen im Dorf sind zwei gestorben. Die Bauern sind die komischsten Leute. Drei Tage vor dem Tod einer der Pockenpatientinnen wurde alles für die Beerdigung vorbereitet. Der Sarg wurde von Freunden vor Ort gemacht. Als unsere Krankenschwester kam, um sie zu füttern, wurde dem Mädchen gesagt, es solle nichts mehr essen. Bevor das Mädchen tatsächlich tot war, wurden ihr ihre allerbesten Kleider zum Begräbnis angezogen; sie wurde auch aufgebahrt, bevor ihr der Atem aus dem Körper gewichen war. Der Sarg blieb bis kurz vor dem Einlegen ins Grab offen. Es gab keine Priester im Dorf, und das Mädchen wurde von ihren Freunden beerdigt.

Sonntag, *19. September 1915.*

Wir hatten um 5.30 Uhr Gottesdienst. Den Priestern in Serbien ist es nicht gestattet, die Kirche zu betreten, bis sie verheiratet sind. In Kriegszeiten dürfen Priester nicht heiraten, sie dürfen also nicht in die Kirche gehen. Der Priester in Natalintse ging in unsere Apotheke zum Abendessen. Er nahm all die Dinge mit, von denen er dachte, dass sie sie nicht haben würden, Käse und Wein. Es gab Gans zum Abendessen. Er nahm diesen Gang, und dann streckte er sich immer wieder über den Tisch, nahm sich ungefragt eine Gabel und bediente sich weiter; er nahm fünf Portionen Gans. Pudding lehnte er ab, aber unser Dolmetscher saß neben ihm, also nahm er eine Gabel und probierte ungefragt seinen Pudding. Fünf kleine Jungen halten die Kirche in Ordnung und läuten die Glocke. Die Priester und die Leute denken sich nichts dabei, auf den Boden der Kirche zu spucken. Ich dachte, diese Angewohnheit sei auf den Straßen Englands schlimm genug, aber ich finde, dass es im Ausland noch schlimmer ist. Heute Morgen kam ein Sanitätskorps des Roten Kreuzes, gezogen von Ochsenkarren, an diesem Lager vorbei; Sie waren die ersten, die nach Malanovatz fuhren, um sich der ersten Feldambulanz, der Bevis-Einheit, anzuschließen. Heute Nachmittag bin ich hinaufgefahren, um mir ein weiteres serbisches Lager anzusehen und Fotos zu machen.

Montag, *20. September 1915.*

Wir haben schönes Wetter, aber die Nächte sind furchtbar kalt und morgens herrscht dichter Frost. Die Tage sind sehr heiß. Als die Österreicher letztes Jahr in Belgrad einmarschierten, blieben sie dort offenbar dreizehn Tage. Als die Serben sie vertrieben, fanden sie einen frisch angelegten Friedhof voller Holzkreuze vor. Die Serben fanden das in so kurzer Zeit seltsam, und die

Gräber hatten eine merkwürdige Form. Die Serben gruben den Boden um und fanden etwa 80.000 Stück Munition.

Dienstag, *21. September 1915.*

Mrs. Stobart, Mr. Greenhalgh, Colonel Gentnich, Mr. Little und ich fuhren mit dem Auto nach Vilanovatz, um uns die Krankenstation anzusehen. Es gibt dort einen Arzt, eine Krankenschwester, einen Koch und zwei Pfleger. Das Gelände der Krankenstation ist sehr schön. Sie leisten gute Arbeit und haben täglich etwa 70 bis 100 Patienten. Sie kommen von weit her. Einige von ihnen sind in einem schrecklichen Zustand. Diese Krankenstation ist 24 Kilometer entfernt. Die Fahrt ist herrlich, die Landschaft ist wunderschön. Die Felder mit ihren wilden Krokussen sehen so hübsch aus. Im Dorf gibt es nur ein Geschäft. Paprika wächst hier draußen in großen Mengen. Die Eintöpfe sind ganz rot davon. Paprika wird auch im grünen Zustand mit Hackfleisch gefüllt gegessen.

Mittwoch, *22. September 1915.*

Heute Morgen sind eine der Schwestern und ich auf ein paar Hügel gegangen, um den Serben beim Üben und Testen türkischer Granaten zuzusehen. Es war höchst interessant, denn sie haben nach jedem Schuss das Arsenal angerufen und die Entfernungen mitgeteilt. Am Nachmittag sind wir beide hochgegangen, um eine Granate zu holen; es waren vierzehn nicht explodierte.

Donnerstag, *23. September 1915.*

Den größten Teil des Tages haben wir nur Schüsse gehört. Ich habe vergessen zu erwähnen, dass am Dienstag eine Nachricht von der Regierung kam, in der es hieß, dass ein Luftangriff zu erwarten sei, aber sie wurden erneut zurückgeschlagen.

Freitag, *24. September 1915.*

Heute hören wir, dass sich die Bulgaren mit den Österreichern verbündet haben und dass an der bulgarischen Grenze Kämpfe begonnen haben. Die Österreicher bombardierten die ganze Donau entlang und in Belgrad. Hundert Granaten wurden abgefeuert.

Samstag, *25. September 1915.*

Heute haben wir eine Nachricht von der serbischen Regierung erhalten, dass ein Teil unserer Einheit zum Aufbau eines Krankenhauses nahe der bulgarischen Grenze abgezogen werden muss. Die Serben verfügen über eine hervorragende Ausrüstung. Zwanzig Mann dieser Einheit werden abgezogen: Mrs. Stobart, Mr. Greenhalgh, zwei Ärzte, sechs Chauffeure, zwei Köche, zwei Pfleger und sechs Krankenschwestern. Sie nehmen sechs Fahrzeuge mit. Wir werden hier sehr beschäftigt sein, da so viele Mitarbeiter abwesend sind. Die Ärzte möchten, dass ich noch etwas bleibe, um in den Stationen zu helfen, die Diätpläne und die Abrechnungen zu erstellen und den Krankenschwestern zu helfen.

Sonntag, *26. September 1915.*

Wir hatten heute zwei Gottesdienste, einen um 5 Uhr morgens und einen um 17 Uhr. Wir haben immer noch sehr heiße Tage, aber die Nächte sind kalt. Die Wildblumen sind wunderschön und es gibt viele Schmetterlinge, kleine Blaue und einen dunkelgelben mit schwarzem Rand um die Flügel und Schwalbenschwänze. Kohlweißlinge gibt es hier kaum, aber einige ganz kleine weiße, wie beim Kohl.

Montag, *27. September 1915.*

Der Teil unserer Einheit, der zur bulgarischen Grenze fahren sollte, musste heute mit dem gesamten Gepäck inspiziert werden. Es gibt einige Schwierigkeiten, nach Saloniki durchzukommen, da die Truppen zur Grenze gehen.

Dienstag, *28. September 1915.*

Ich hoffe, in ein paar Tagen wieder im Dienst zu sein. Heute Abend war der Himmel herrlich, einfach unbeschreiblich; es gab zwei der schönsten Regenbögen, absolut perfekt, mit einem Sonnenuntergang, der die Berge ringsum beleuchtete. Maulwürfe gibt es hier in großer Menge; sie machen auf allen Feldern ein furchtbares Chaos. Einer lebte unter der Bodenplane in unserem Schlafzelt, aber das arme Ding wurde zertreten und wir fanden ihn tot. Es gibt ein paar Fledermäuse; sie sind enorm groß, viel größer als in England. Auch Heuschrecken und Heuschrecken gibt es in Hülle und Fülle. Kleine Vögel sind selten, nur ein paar Sperlinge und Schwalben und Uferschwalben und Lerchen. Die Schwalben haben ihre Nester direkt in einigen der Häuser auf den elektrischen Lampen und in einigen Ecken. Sie fliegen nachts umher, fangen Fliegen und kümmern sich um niemanden. Wir haben letzte Nacht gehört, dass die schottische Einheit eine ihrer Krankenschwestern an Typhus verloren hat; es war in Valievo. Dr. Inglis aus Kragujevatz und die Leiterin des schottischen Frauenkrankenhauses, eine Ärztin, mussten die Trauerrede halten. Heute Morgen wurde mir ein schönes großes Bündel Ysop geschenkt; es wird in den Kirchen bei Taufen verwendet, um das Kind mit Weihwasser zu besprengen.

Mittwoch, *29. September 1915.*

Heute wurde uns von König Peter eine Medaille überreicht. Es ist ein Wappen auf einem Kreuz Serbiens und wird das Kreuz der Nächstenliebe genannt. Zwei Regierungsbeamte kamen, um uns die Medaille zu überreichen, und sie drückten uns ihre Wertschätzung für unsere Dienste aus. Wir haben heute gehört, dass die Bulgaren mit dem Kämpfen begonnen haben. Ich sah, wie ein Teil der serbischen Kavallerie zur bulgarischen Grenze aufbrach; sie gingen nach Nisch, dann nach Pirot. Die Serben sind sehr tapfer und einige von ihnen ertragen Schmerzen sehr gut. Ein Mann wurde an der Wirbelsäule operiert, ein gebrochener Knochen wurde entfernt und er konnte etwa zwei Stunden später wieder laufen. Einem anderen Mann wurden einige Krampfadern entfernt und er konnte zehn Minuten später wieder laufen.

Donnerstag, *30. September 1915.*

Heute Morgen um 7 Uhr hatten wir einen Luftangriff. Sechs deutsche Flugzeuge kamen und warfen dreißig Bomben auf Kragujevatz. Die meisten Bomben fielen in der Nähe des Arsenals und des Bahnhofs. Sie versuchten, das Magazin zu erbeuten, aber es gelang ihnen nicht. Die Bomben richteten wenig Schaden an, aber sechs Menschen wurden getötet und mehrere verletzt. Wir haben ein Flugzeug zum Absturz gebracht. Wir konnten es ganz deutlich sehen, und die Bomben schienen direkt auf das Flugzeug zu fallen – wir konnten ein großes Feuer sehen – und das Flugzeug fiel nur wenige Gehminuten von diesem Lager entfernt in der Hauptstraße zu Boden, gleich neben der Kathedrale. Es kam ganz sanft herunter, und als es auf dem Boden aufschlug, gab es einen lauten Knall. Die Männer waren beide Deutsche. Sie wurden in Stücke gerissen. Ich habe zwei Fotos gemacht. Das ganze Holz war verbrannt. Ich habe mehrere interessante Teile des Flugzeugs. Die Deutschen hatten ihre Tagebücher dabei. Diese wurden natürlich ins Regierungsbüro gebracht. Ein Offizier wurde im Arsenal getötet, deshalb gab es heute Nachmittag ein militärisches Begräbnis für ihn. Der restliche Teil unserer Einheit kann jederzeit an die Front gehen, sie warten nur auf Befehle.

Freitag, 1. Oktober 1915.

Heute morgen um 6.45 Uhr hatten wir einen weiteren Luftangriff. Bald hatten wir das Lager von den Patienten geräumt. Insgesamt kamen drei Flugzeuge herüber und warfen etwa fünfzehn Bomben auf Kragujevatz. Fünf fielen im Arsenal, aber es entstand nur geringer Schaden; mehrere fielen rund um den Bahnhof. Mehrere Bahnhofsmitarbeiter suchten Schutz in einem Lastwagen. Eine Granate fiel direkt davor und zertrümmerte den Bürgersteig entlang der Strecke. Ein Stück der Granate durchschlug den Lastwagen; niemand wurde verletzt, und man gab mir die Granate später. Der Luftangriff dauerte etwa eine Stunde. Als alles vorbei war, baten mich Dr. May und Dr. Berry, mit ihnen die Flugzeuggeschütze zu zeigen. Diese lagen etwa sieben Gehminuten vom Lager entfernt auf einem Hügel; zwei der serbischen Lager waren ebenfalls in der Nähe. Ich kannte mehrere Offiziere im Lager. Bei unserer Ankunft wurden wir von einigen von ihnen empfangen; sie führten uns herum und zeigten uns die Geschütze und Granaten und erklärten und beschrieben alles darüber. Es gibt drei sehr große Geschütze, und diese empfingen die 12-Zoll-Granaten; Sie waren französischer Herstellung und zwei kleinere wurden im letzten Krieg von den Türken erbeutet.

Wir waren erst etwa fünf Minuten auf dem Übungsplatz, als das Signal kam, dass feindliche Flugzeuge gesichtet wurden. Alle Männer waren in Sekundenschnelle auf ihren Posten und es war großartig, die Ordnung und Disziplin zu sehen.

Es hatte keinen Sinn, uns zurückzuziehen, da das zu gefährlich gewesen wäre, also standen wir daneben, während das Feuer weiterging. Die

Vibrationen und der Lärm waren furchtbar; man konnte nicht einmal die großen Granaten sehen, die aus den Kanonen kamen, nur Feuer und Rauch. Ich machte ein Foto, während das Feuer weiterging. Fünf Bomben wurden in Kragujevatz abgeworfen, eine auf unser Lager, die glücklicherweise nicht explodierte. Es war nur wenige Meter vom Zelt der Nachtschwester und meinem entfernt, sonst wären unsere armen Zelte in Stücke gerissen worden. Zwei Bomben fielen auf das Magazin und zerstörten einen Großteil unserer Vorräte; drei Zelte brannten nieder, aber das Feuer war bald gelöscht. Neun 7-Pfund-Dosen Marmelade wurden in Stücke zerschmettert; Marmelade war überall auf dem Boden, den Fenstern, Decken und Wänden verteilt und hinterließ ein fürchterliches Chaos; andere Vorräte waren ebenfalls verdorben; im Zucker wurden Granatsplitter gefunden. Ungefähr achtzig Granaten wurden auf die Flugzeuge abgefeuert, und es wurde ihnen so heiß, dass sie bald flohen. Um 10 Uhr war der Luftangriff vorbei und unsere Patienten durften zurückkehren.

Am Abend gab eine der Schwestern eine Abschiedsparty, da sie ins Krankenhaus von Lady Paget aufbrach und zwanzig aus unserer Einheit mit Mrs. Stobart zur bulgarischen Grenze aufbrachen und nach Perot fahren sollten. Sie fuhren um 22 Uhr ab und schliefen die ganze Nacht im Zug; der Zug fuhr morgens um 7.20 Uhr ab. Sie nahmen fünf Krankenwagen, drei Ochsenkarren, eine Küche, die die Serben den Österreichern abgenommen hatten, ein paar Bandagen und medizinische Vorräte mit. Eine serbische Armee stellte alle anderen notwendigen medizinischen Vorräte und Ausrüstungen für das „Fliegende Feldlazarett" zur Verfügung. Ich hätte gehen sollen, aber da ich Typhus hatte, durfte ich nicht. Es wurde vereinbart, dass die Ärzte, Krankenschwestern, Köche und Pfleger jeden Monat wechseln sollten, damit alle eine abwechslungsreiche Arbeit bekommen konnten.

Samstag, *2. Oktober 1915.*

Um 7 Uhr kam eine weitere telefonische Nachricht, dass drei Flugzeuge die Grenze überquert hatten. Um 5.30 Uhr frühstückten wir, alle Patienten wurden aus dem Lager geräumt, und dann verließen wir das Lager. Es ist interessant zu sehen, wie die Stadtbewohner meilenweit ins Land hinausgingen, um sich in Sicherheit zu bringen. Glücklicherweise kam Wind auf und die Flieger mussten umkehren, aber es gelang ihnen, ihre fünfzehn Bomben auf eine andere Stadt in der Nähe abzuwerfen. Auf unserem Heimweg zum Lager gingen wir an den Kanonen vorbei, und ich wurde dem Mann vorgestellt, der am Donnerstag, dem 30. September, das Flugzeug abgeschossen hatte. Er benutzte die türkische Flugzeugkanone, eine ziemlich kleine. Wir rechnen jetzt jeden Tag mit Luftangriffen; das bedeutet Frühstück um 5.30 Uhr. Wir räumen die alten Patienten aus diesem Krankenhaus und bereiten uns auf die Frischverwundeten vor, und es wird nicht lange dauern, bis wir wieder auf den Beinen sind.

Da wir jetzt morgens nicht mehr viel machen können, wird den ganzen Nachmittag hart gearbeitet. Das Arsenal ist vormittags auch geschlossen.

Sonntag, 3. Oktober 1915.

Für einen Luftangriff war es heute zu bewölkt und zu windig, deshalb hatten wir einen Ruhetag. Den größten Teil des Nachmittags waren Pontonbrücken auf der Straße an unserem Lager vorbei unterwegs. Ich vermute, diese führen zur bulgarischen Grenze.

Ein sehr junger Student in einem Dorf hier in der Nähe war voller Unfug und goss aus Spaß einen Topf mit roter Farbe in das Weihwasser. Der Priester beim Frühgottesdienst blickte auf und sah, dass alle seine Gemeindemitglieder rote Kreuze auf der Stirn hatten. Der Priester erzählte uns diese Geschichte und der Junge bekam deswegen großen Ärger.

Der Name des Flugzeugs, das in Kragujevatz abgestürzt ist, war „Albatros". Der jüngste Deutsche, der dabei ums Leben kam, war ein 26-jähriger Ingenieur.

In Ratcher wurden Flugzeugteile gefunden, sonst nichts. Ein weiteres Flugzeug wurde außerhalb eines kleinen Dorfes umgekippt gesehen, wurde jedoch nicht gefunden.

Montag, 4. Oktober 1915.

Das Lager wurde gegen 7 Uhr geräumt, als wir die Nachricht erhielten, dass sechs Flugzeuge jenseits der Grenze gesichtet worden waren; sie wurden daran gehindert, nach Kragujevatz zu gelangen. Die Deutschen sagen, sie werden Kragujevatz zerstören, auch die Eisenbahnlinie. In Anbetracht dessen ist nur sehr geringer Schaden entstanden.

Wir hatten eine Karte von dem anderen Teil unserer Einheit, der nach Perot aufgebrochen war. Darin stand, dass sie sicher angekommen waren und dass ihnen ihre Position gefiel; sie befanden sich auf der Spitze eines Hügels und blickten auf den Feind herab.

Zwei Flugzeuge flogen über Lapovo und warfen drei Bomben auf die Linie, aber es entstand kein Schaden. Wir räumten unser Lager wie an den vorherigen Tagen, aber es passierte nichts.

Wir sind fast bereit für die Neuverwundeten; wir haben ein oder zwei neue Zelte aufgestellt, die jeweils etwa 26 Betten fassen. Insgesamt haben wir 72 Zelte und eine Anzahl in Reserve, falls erforderlich. Für die Zeit der Kälte haben wir lange Gebäude, die im Sommer von den österreichischen Gefangenen gebaut wurden. Sie waren für den Fall der Cholera gedacht, aber glücklicherweise haben wir uns diese Krankheit in Serbien nicht eingefangen, daher wurden uns die Gebäude von der Regierung als Stationen für unsere Patienten während der Wintermonate versprochen. Es sind sehr lange, niedrige Gebäude und bieten Platz für etwa 30 oder 40 Betten; insgesamt gab es etwa sechs Gebäude.

Einmal wurde in unserer Station bei einem Patienten, der nur leichte Kost zu sich nahm, ein Päckchen unter dem Kopfkissen gefunden. Darin befand sich ein kleines gebratenes Schwein, von dem er sich kleine Stücke genommen hatte. Seine Verwandten hatten ihn am Nachmittag besucht und ihm das Päckchen gegeben, ob es nun ein passendes Geschenk war oder nicht. Schweine werden in diesem Land gekocht, wenn sie noch ganz klein sind, und eine Keule reicht nur für eine Mahlzeit. Lämmer werden ebenfalls im gleichen Alter geschlachtet und gekocht, und es ist wirklich schwierig, nach dem Braten noch Fleisch an den Knochen zu finden. Die Serben halten ausgewachsenes Fleisch nicht für gut, mit Ausnahme von Ochsen, und Rindfleisch gehört in Serbien zu den schlechtesten Fleischsorten, wahrscheinlich weil es als Arbeitstier eingesetzt wird. Milch ist knapp, da die Kühe als Transporttiere eingesetzt werden.

Sie haben ein außergewöhnliches einsaitiges Instrument, das sie den ganzen Tag spielen. Scharen von Menschen sitzen herum und hören zu. Das war sehr anstrengend, als die Patienten es in den Krankenstationen in die Hände bekamen, sehr eintönig und anstrengend, und manche Gesänge sind auch sehr seltsam, da sie nur aus ein oder zwei Tönen bestehen, aber im Großen und Ganzen sind sie die musikalischsten Menschen. In den Kathedralen ist der Gesang absolut wunderbar, so gut ausgebildete Stimmen.

Wir hören, dass die Deutschen um 3 Uhr morgens mit dem Beschuss Belgrads begannen; dieser dauerte viele Stunden. Nachts herrschte dichter Nebel, der an London erinnerte, genauso dicht, aber nicht so gelb.

Donnerstag, 7. Oktober 1915.

Immer noch dichter Nebel, und wir hören, dass Belgrad immer noch bombardiert wird. Die englischen und französischen Truppen werden schon seit einiger Zeit erwartet, um den armen Serben zu helfen, und wir erfahren, dass Nisch und viele andere Städte ihnen zu Ehren geschmückt sind.

Soviel ich weiß, war der Beschuss Belgrads heute nicht ganz so heftig, aber alle englischen Missionen wurden zum Rückzug aufgefordert. Die Deutschen sind an drei Stellen gelandet. Sie überquerten die Save in Booten und über Pontonbrücken; es waren etwa 3.000 von ihnen. Es war eine neblige Nacht, und sie dachten, sie würden nicht bemerkt werden. Die Serben ließen sie überqueren und nahmen dann 2.000 Gefangene. Die Pontonbrücken und Boote wurden versenkt; dann kam es zu einem Nahkampf auf der Straße, bei dem hauptsächlich Messer zum Einsatz kamen, und wir hörten, dass sogar die Frauen mitmachten. Viele Leichen trieben in der Donau und der Save; wir hörten, dass zwei unserer Marines getötet und mehrere verwundet worden waren.

Heute Nachmittag besuchten wir mit einer der Schwestern das Krankenhaus für verwundete Alliierte in Kragujevatz. In einem der Räume lag ein verwundeter Räuber; er hatte den Krankenschwestern gesagt, dass dies sein Beruf sei. Wir sahen auch einen Österreicher, der Künstler war und im Krankenhaus mehrere Aufträge für seine Bilder erhalten hatte, für die er 10 Schilling verdiente . Wir sahen auch einen Deutschen, dem beide Beine amputiert worden waren; er durfte Körbe flechten und verkaufte sie.

An diesem Abend stimmte einer der Ärzte meiner Abreise zu, da ich aufgrund eines Termins in England nur noch zwei oder drei Wochen Urlaub hatte und wir hörten, dass es später ziemlich schwierig werden könnte, wegzukommen. Ich wurde gebeten, mich um eine Pflegerin der zweiten Bauerneinheit zu kümmern, die gerade eine Typhus-Erkrankung überstanden hatte. Sie wäre einige Wochen nicht in der Lage gewesen, zu arbeiten, also wurde beschlossen, dass sie in meiner Obhut nach England zurückkehren sollte.

Den größten Teil des Morgens war ich mit Packen beschäftigt, dann habe ich die Abrechnungen und die Diätpläne für die Stationen gemacht und damit diesen Teil meiner Arbeit abgeschlossen. Am Nachmittag gingen eine der Schwestern und ich ins Arsenal, und mir wurde eine Medaille von König Peter überreicht. Wir sahen auch viele der Schätze, die aus dem abgestürzten deutschen Flugzeug mitgenommen worden waren. Sie zeigten uns ein orangefarbenes bedrucktes Papier mit vollständigen Anweisungen. Es war natürlich auf Deutsch und es stand darauf, dass sie nach Kragujevatz kommen und vier Bomben abwerfen müssten.

Es war sehr schmerzhaft, mich von meinem Küchenpersonal zu verabschieden, hauptsächlich aus österreichischen Gefangenen, die so gute Arbeit geleistet hatten. Als sie kamen, sagten sie: „Kein Lohn, also keine Arbeit." Ich antwortete: „Keine Arbeit, also kein Essen", und sie stimmten schnell mit meinen Ansichten überein, was sie nie übel nahmen, sondern wirklich gut funktionierten. Der Portier kam mit seiner Tochter, um sich zu verabschieden, und brachte von seiner Frau zwei gekochte Hühner für unsere Reise, ein Dutzend Eier, Walnüsse, Äpfel und Marmelade mit. Ich packte diese ein und ging dann zum Abendessen. Als ich zurückkam, stellte ich fest, dass meine Pakete von den Hunden vom Bauernhof in der Nähe ausgepackt worden waren; die Hühner waren weg, die Eier aufgefressen und überall auf dem Boden meines Zeltes lagen Schalenstücke. Wenn Eier hier draußen hart gekocht werden, ist das Eiweiß oft weich, egal wie lange man es kocht. Auch die Äpfel und Nüsse lagen verstreut herum; mein Zelt war ein Anblick, den man gesehen haben muss, aber glücklicherweise hatten wir andere Dinge für die Reise bereitgestellt.

Um 9 Uhr wurden 15 Verwundete aus Belgrad eingeliefert. Sie befanden sich in einem schrecklichen Zustand und schilderten uns das schrecklichste Blutbad, das dort stattgefunden hatte.

Um 10 Uhr kam einer der Regierungsbeamten vorbei, um mich zu verabschieden, mir meinen Bahnpass bis zur griechischen Grenze zu bringen und mir außerdem ein paar Süßigkeiten mitzugeben.

Um 11.30 Uhr kam der Wagen, um uns zum Bahnhof zu bringen. Der Zug fuhr um 12 Uhr ab. Eine schreckliche Nacht, in Strömen regnete es, und wir waren alle schon vor der Abfahrt durchnässt. Wir hatten eine angenehme Reise bis Lapovo, wo wir um 2 Uhr morgens ankamen. Hier mussten wir umsteigen und sollten in einer Stunde einen Zug nehmen, warteten aber bis 5 Uhr und dann wurde uns gesagt, dass bis Mittag kein Zug fahren würde. Wir stapelten unser Gepäck und gingen zu unserer Krankenstation, die an der Strecke liegt. Wir fanden die Fenster offen und die Tür unverschlossen vor und alle lagen im Bett. Sie hatten es so gelassen, weil sie den Arzt aus

Nish erwarteten, der losgefahren war, um neue Vorräte zu holen. Wir zogen unsere Stiefel aus und legten uns bis 7 Uhr auf die Betten im Krankenzimmer, dann frühstückten wir und gingen abwechselnd zurück zum Bahnhof, um das Gepäck in die Hand zu nehmen. Es war ein erbärmlicher Anblick, als wir im Bahnhof die Züge voller Flüchtlinge aus Belgrad ankommen sahen. Viele der Frauen weinten, als sie den Menschen auf dem Bahnsteig ihre traurigen Erlebnisse erzählten. Außerdem trafen zugweise viele Verwundete ein; viele waren am Donnerstag in unserer Krankenstation gewesen, um ihre Wunden versorgen zu lassen, bevor sie in ein stationäres Krankenhaus gebracht wurden.

Uns wurde gesagt, dass in Belgrad 6.000 oder 7.000 Granaten abgefeuert worden seien und dass viele Orte in Flammen stünden.

Um 11 Uhr kam ein Zug aus Belgrad an, und ich hörte mehrere Stimmen, die mich riefen, und ich sah, dass sich einige von Admiral Troubridges Einheit im Zug befanden und drei oder vier von der ersten Farmer-Einheit. Sie sahen alle sehr krank aus und waren mit Schlamm bedeckt. Sie hatten Belgrad am Abend zuvor um 6 Uhr verlassen und mussten viele Meilen laufen, bevor sie den Zug erreichen konnten, und hatten alles zurückgelassen und nur die Kleidung mitgenommen, die sie zum Stehen trugen. Sie hatten nur Brot zu essen und waren fast verhungert, also sagte ich ihnen, sie sollten zu uns in den Waggon kommen, da wir ihnen etwas von dem Essen geben könnten, das wir für unsere Reise hatten. Dann ging ich zum Schaffner und fragte, wohin dieser Zug fahre, und er antwortete „nach Nish"; aber es gab nur einen Viehtransporter für uns, also stiegen wir alle ein, und da es sehr zweifelhaft war, ob wir um 12 Uhr einen Zug bekommen würden, dachten wir, es sei besser, weiterzufahren. Wir gaben ihnen allen eine gute Mahlzeit mit Zungen- und Rindfleischsandwiches, Brot und Käse und Äpfeln und Limonade, und sie waren wirklich dankbar, die Armen! Denn sie hatten eine schreckliche Zeit durchgemacht. Sie erzählten uns viele traurige Geschichten über unsere tapferen Serben, die in die Krankenhäuser rannten, ihre Wunden versorgt bekamen und dann zurück in den Kampf gingen. Alle Patienten in den Krankenhäusern, die an Bronchitis, Lungenentzündung und Schwindsucht und vielen anderen Krankheiten litten, zogen ihre Kleidung an und gingen in die Schützengräben. Sie erzählten uns auch, dass das amerikanische Krankenhaus blieb, also wurde ihr gesamtes Gepäck zur Sicherheit dorthin geschickt; später sah man das amerikanische Krankenhaus in Flammen stehen. Die Mitglieder dieser Einheiten stiegen in Chupria aus dem Zug, um sich Admiral Troubridge anzuschließen. Wir hörten, dass die englischen Batterien, mit Ausnahme einer, in Belgrad zum Schweigen gebracht worden waren. In Chupria stiegen viele verwundete Soldaten in unseren Lastwagen. Sie fuhren in das Krankenhaus in Nish, wir zur Raststätte, die Sir Ralph und Lady Paget gehörte und für die verschiedenen

englischen Einheiten bestimmt war, die nach Serbien kamen. Wir kamen um
9.30 Uhr an und gingen sofort ins Bett, da wir sehr müde waren.

Sonntag, 10. Oktober 1915.

Wir frühstückten um 7.30 Uhr, gingen dann zu Sir Ralph Paget, dann zur
Bank, die glücklicherweise geöffnet war, und dann zum serbischen Roten
Kreuz.

Im Laufe des Tages trafen mehrere weitere Mitglieder verschiedener
Einheiten aus Belgrad ein.

Um 2.30 Uhr kam ein feindliches Flugzeug über Nish. Es wurden keine
Bomben abgeworfen, sie waren also gekommen, um zu spionieren. Drei
französische Flugzeuge verfolgten es und vertrieben es; sie schossen auch
mit den Bordkanonen darauf. Wir hörten, dass einer der Züge aus Belgrad
von den Deutschen beschossen worden war und dass 25 Zivilisten getötet
worden waren. Um 5 Uhr hatten wir einen Gottesdienst im Rasthaus. Zwei
Flugzeuge waren am Nachmittag angekommen und flogen weiter nach
Kragujevatz.

Wir fuhren um 20.30 Uhr mit dem Zug nach Saloniki ab.

Montag, 11. Oktober 1915.

Es war ein schöner Tag und eine höchst interessante Reise. Überall sind
Lager, Stacheldrahtverhaue und Schützengräben. Einige der Lager liegen
zwischen den Bäumen und sind kaum zu sehen, da sie aus Stöcken und
Schlamm gebaut sind. Auch die Wachposten entlang der Strecke haben
eigenartige Unterstände, zu denen sie über Stufen hinabsteigen. Die
Heuhaufen stehen nicht auf dem Boden wie in England, sondern sind in
Bäumen befestigt, wie riesige Bienenstöcke, da der Boden so sumpfig wird.
Die Serben und Albaner sehen sehr malerisch aus. Das müssen die
Regimenter gewesen sein, die ich vorbeikommen sah, als ich in Uskub
übernachtete. Wir haben gerade einen Wolf gesehen, der ein junges Reh
jagte; sie kamen dicht am Zug vorbei. Es scheint schrecklich, dieses herrliche
Land mit seinem strahlenden Sonnenschein und seinen leuchtenden Farben
zu verlassen, bis wir all die Schrecken sehen, die sich so nah bei uns
abspielen.

Wir kamen um 7 Uhr in Uskub an, frühstückten am Bahnhof und wenige Minuten vor Ankunft unseres Zuges wurden 170 bulgarische Gefangene eingeliefert. Sie waren in Gruppen mit Seilen zusammengebunden. Ich sah ein oder zwei Krankenschwestern von Lady Paget auf dem Bahnsteig; sie waren da, um einige Freunde zu verabschieden. Unser Zug fuhr wieder um 7.25 Uhr ab; dann passierten wir wunderschöne Schluchten; das würde die Kämpfe natürlich sehr schwierig machen.

Unser nächster Halt war der Grenzort Ghevghili(?). Das Gepäck der meisten Passagiere wurde untersucht; es wurde auch gewogen und wir mussten für unser Gepäck bezahlen.

Wir kamen um 20.30 Uhr in Saloniki an. Wir fanden den Bahnhof voller griechischer Soldaten vor; viele von ihnen schliefen auf dem Boden. Wir mussten unser großes Gepäck für die Nacht zurücklassen, dann nahmen wir eine Kutsche und fuhren zum Hotel *Olympus* , wo wir uns Zimmer besorgt hatten. Als wir hinunterfuhren, sahen wir viele unserer englischen und französischen Truppen; das munterte uns natürlich auf. Wir hörten, dass es 25.000 Franzosen und 11.000 Engländer gab und dass sie von den Griechen festgehalten worden waren, da sie einige Tage zuvor in Serbien erwartet worden waren.

Als wir im Hotel ankamen, machten wir uns zurecht, gingen hinunter zum Abendessen und fanden den Raum voller Engländer und Franzosen vor; einige von ihnen hießen uns herzlich willkommen, da es in Saloniki keine englischen Frauen gab. Ein Offizier erzählte uns, dass ein Amerikaner, der an ihrem Tisch saß, darauf bestanden hatte, dass wir Amerikaner seien, und wie viel die Amerikaner in Serbien getan hatten, und dass dieser Punkt diskutiert worden war, sodass es große Aufregung gab, zu erfahren, welcher Nationalität wir angehörten, und die englischen Offiziere waren erfreut, als sie feststellten, dass sie recht hatten.

Wir hoffen alle, dass sich uns die Griechen anschließen und dass sie in den nächsten Tagen alle nach Serbien aufbrechen werden.

Dienstag, *12. Oktober 1915.*

Zwei englische Offiziere luden uns zum Tee ins nahegelegene Café ein und waren sehr interessiert daran, von unseren Erlebnissen in Serbien zu hören. Abends gingen wir ins Kino.

Mittwoch, *13. Oktober 1915.*

Wir mussten unsere Pässe beim englischen, französischen und italienischen Konsul kontrollieren lassen, Geld wechseln und ein paar Einkäufe erledigen.

Die türkischen Märkte sind sehr interessant und die Verkäufer sehr unterhaltsam. Feilschen ist sehr wichtig, da sie zu Beginn oft mehr als das Doppelte des Betrags verlangen, den sie zu nehmen bereit sind.

Die griechischen Geschäfte sind sehr schön, voller schöner Dinge und die Mode ist auf dem neuesten Stand. Wir haben eine nette kleine Griechin aus Athen hier; sie erzählte uns, es sei eine bekannte Tatsache, dass die Deutschen über drei Millionen Männer verloren hätten. Sie erzählte uns auch, dass sieben französische Offiziere aus Stuttgart geflohen seien; sie wurden aus dem Gefängnis entlassen, nachdem sie den Mann bestochen hatten, der auf sie aufpasste. Sie gingen den ganzen Weg von Stuttgart durch die Schweiz nach Frankreich zu Fuß, nachdem sie genügend Nahrung für ihre Reise, einen Kompass und eine Karte bekommen hatten und angewiesen worden waren, unterwegs mit niemandem zu sprechen. Sie sagten, sie hätten auf dem ganzen Weg durch Deutschland keinen einzigen Mann getroffen; Frauen seien vor Festungen, Eisenbahnen und entlang der Straßen bewaffnet gewesen; jeder Mann sei in den Kampf gezogen.

Donnerstag, *14. Oktober 1915.*

Im Hafen liegen acht Schlachtschiffe, französische und englische. Die Griechen sind mobilisiert und bereit, sich der Seite anzuschließen, die sie für die beste halten. Sie haben die Uniformen der Engländer nachgeahmt.

Heute ist ein türkisches Flugzeug vorbeigeflogen. Unser Schiff, die *Sydney* , ist im Hafen angekommen, also haben wir unsere Liegeplätze ausgesucht.

Heute sind etwa vierzig Boote mit englischen, französischen und griechischen Truppen angekommen. Wir schauten uns an, wie die Pferde und Maultiere an den Docks ausgeladen wurden. Es sind mehr Maultiere als Pferde. Sie sind viel robuster.

Freitag, *15. Oktober 1915.*

Wir hatten einen interessanten Tag. Einer der Ärzte von Lady Paget besuchte mich, dann der Kapitän der *Abbassieh* , der einige der Einheiten hergebracht hatte und die drei Schwestern kannte, die bei mir waren. Er lud uns zum

Mittagessen auf sein Schiff ein. Er hatte Truppen aus den Dardanellen hergebracht und führte Transportarbeiten durch. Er erzählte uns, dass er 1.300 Mann hergebracht hatte und dass er nur genug Rettungsboote für 300 hatte. In Saloniki hatten wir die Dorsets, die Norfolks, die Herefords, die Royal West Kent, die Royal Engineers, das Army Service Corps und das Royal Army Medical Corps sowie mehrere andere Regimenter, die nach Serbien aufbrachen.

Der Kapitän fragte, mit welchem Boot ich nach Serbien gekommen sei. Als ich „Saidieh " *sagte* , sagte er: „Der Erste Offizier ist jetzt auf meinem Boot, da die *Saidieh* vor einiger Zeit torpediert wurde" und er ließ ihn zu uns kommen. Es war sehr angenehm, uns wiederzusehen und seine Geschichte zu hören. Er wurde zum Kapitän eines anderen Bootes ernannt, aber es war durch Artilleriebeschuss so stark beschädigt, dass es nicht mehr eingesetzt werden konnte.

Samstag, 16. Oktober 1915.

Am Nachmittag kam der Kommandant des Schlachtschiffs HMS *Albion* zum Tee und lud uns für den nächsten Tag zum Tee auf sein Schiff ein.

Wir haben heute gehört, dass ein Teil der französischen Truppen bis an die bulgarische Grenze vorgedrungen ist. Außerdem haben wir gehört, dass Perot von den Bulgaren eingenommen und die Linie zwischen Nisch und Uskub gesprengt worden ist.

Hier herrscht Kriegsrecht, und entlang der gesamten Front stehen Wachen. Die englischen, französischen und griechischen Offiziere müssen sich gegenseitig grüßen.

Sonntag, 17. Oktober 1915.

Heute Morgen haben wir zwei alte griechische Tempel besichtigt, den Demetrius- und den St.-Georgs-Tempel. Sie wurden von den Türken eingenommen und in Moscheen umgewandelt. Die Türken hatten das Mosaik und die Marmorsäulen komplett weiß getüncht. Glücklicherweise bröckelt die Tünche ab und man kann das Mosaik durchscheinen lassen.

Es wird erzählt, dass eine der großen Marmorplatten bluten soll, wenn etwas Ernstes passieren wird; sie hat eine Art graurote Farbe, sehr schön, und das Blut sickert durch die Risse. Der Priester in Demetrius stand mit einem

Kreuz und einem Stück Bosaliak, das wir als Ysop kennen, da. Die griechischen Soldaten gingen zu ihm und küssten das Kreuz, und dann besprengte er ihre Köpfe mit Weihwasser aus dem Bosaliak.

Wir besichtigten die wundervolle alte Brücke, die der römische Kaiser Hadrian erbaute.

Am Nachmittag gingen wir zum Tee zur HMS *Albion*. Es ist ein sehr schönes Schiff und natürlich sehr interessant für uns. Es wurde oft durch Granatenbeschuss beschädigt. Wir haben es uns überall angesehen und es war höchst interessant.

Lady Paget ist gestern Abend hier eingetroffen, ebenso wie fünf Schwestern aus Admiral Troubridges Einheit, die die Nacht bei ihr in Uskub verbracht hatten. Zwei von ihnen kehrten mit uns nach England zurück.

Montag, 18. Oktober 1915.

Wir haben gehört, dass die *Sydney* morgen um 16 Uhr ablegt, also haben wir unsere Vorbereitungen zur Abreise getroffen.

Wir haben heute Massen von Flüchtlingen in die Stadt kommen sehen. Viele von ihnen schliefen auf den Türschwellen, zusammengekauert in den Ecken. Ein armer Mann starb auf der Straße, und ich vermute, dass viele andere nicht überleben werden, da sie so viele Meilen zu Fuß gegangen sind.

Dienstag, 19. Oktober 1915.

Wir brachten unser Gepäck früh auf unser Schiff, die *Sydney*, und fuhren dann mit einem kleinen Boot zum Hospitalschiff *Grantully Castle* in London, da der Militärarzt sagte, die Oberschwester würde uns so gern sehen. Bei unserer Ankunft wurden wir von der Oberschwester und dem englischen Kaplan in Empfang genommen und durch das ganze Schiff geführt. Es war wunderschön eingerichtet und mit allen Annehmlichkeiten ausgestattet. Es waren drei unserer Marinesoldaten aus Belgrad da, von denen zwei verwundet worden waren und der andere eine Blinddarmentzündung zu bekommen drohte. Am Abend zuvor waren 40 englische Soldaten an Bord gekommen, die an verschiedenen Krankheiten litten. Die neun Krankenschwestern waren Australierinnen, die Oberschwester Engländerinnen. Wir waren zum Mittagessen eingeladen, konnten uns aber keine Zeit nehmen, da wir früh zum Hotel zurückkehren mussten, da wir am

Nachmittag abreisen mussten. Wir verließen das Hotel um 15.30 Uhr und gingen sofort an Bord. Einer der Ärzte aus Lady Pagets Krankenhaus ist bei uns, zwei Krankenschwestern aus Admiral Troubridges Einheit, sechs schottische Krankenschwestern aus dem Frauenkrankenhaus Valievo, zwei französische Ärzte und eine Engländerin aus Bulgarien, die dort die letzten sechs Jahre unterrichtet hatte, außerdem der Militärattaché aus Bulgarien, ein Marineabgeordneter, der Depeschen überbrachte, und Brigadegeneral Koe, der mit Transportarbeiten beschäftigt war.

Wir verließen Solonika um 5 Uhr. Dieses Boot ist ganz nett und wunderbar sauber, ganz anders als das, mit dem wir gekommen waren. Es ist ein französisches Boot der Maritime Line. Wir hatten eine gute Überfahrt bis Lemnos, wo wir um 19 Uhr ankamen. General Koe stieg hier aus.

Mittwoch, 20. Oktober 1915.

Lemnos sieht karg aus, ist rundherum bergig, ohne Bäume und mit englischen und französischen Lagern bedeckt. Am Wasserrand wird gerade ein neues Krankenhaus gebaut. Es gibt kein Süßwasser und Experten wurden aus England geschickt, um artesische Brunnen zu bohren. Das Wasser musste in Tanks abtransportiert werden. Eine Dame aus Marseille schickte Schiffsladungen Sodawasser für die Soldaten los. Der Hafen ist voller Schlachtschiffe, hauptsächlich französischer, und es gibt mehrere Lazarettschiffe sowie viele Transportschiffe. Das größte Schiff ist die *Aquitania* aus Liverpool mit vier großen Schornsteinen. Überall um uns herum sind Minen und Netze; an mehreren Stellen der Insel sind Kanonen angebracht; wir konnten heute Nachmittag Schüsse hören und man sagte uns, dass man bei Imbros die Granaten an den Dardanellen explodieren sehen konnte. Wir blieben acht Stunden auf Lemnos; es ist ein schöner Tag und sehr ruhig.

Donnerstag, 21. Oktober 1915.

Wir kamen um 6 Uhr morgens in Piräus an, landeten um 8 Uhr, nahmen dann den Zug nach Athen und fuhren direkt zu Cooks Büro, wo wir Briefe an die hier untergebrachten Freunde schrieben und vereinbarten, für eventuelle Antworten wiederzukommen. Dann nahmen wir eine Kutsche und fuhren zum Museum; die Statuen sind sehr schön und fein. Wir kehrten zu Cook zurück und fanden einen Brief von unseren griechischen Freunden, die uns um 13 Uhr zum Mittagessen einluden. Wir hatten noch anderthalb

Stunden Zeit, also nahmen wir eine Kutsche und fuhren zur Akropolis. Der Blick auf Athen von oben ist wirklich wunderbar, einfach wunderschön. Wir genossen diesen Anblick sehr; die Bäume entlang des Weges sind höchst interessant – Alleen aus Pfefferbäumen, Dattelpalmen, Aloen und Kakteen; wir sahen auch ein paar Orangenbäume. Um 13 Uhr gingen wir dann zum Haus unseres Freundes. Dort waren drei verheiratete Schwestern mit ihren Kindern und ein englisches Mädchen, Gouvernante der Kinder. Nach dem Mittagessen machten wir eine Besichtigungstour, zuerst das Polytechnische Institut, das 1837 von einem reichen Griechen gegründet wurde und Erinnerungen an den griechischen Unabhängigkeitskrieg, Porträts und einheimische Trachten sowie die Kleidung des griechischen Königs enthält, der in Saloniki erschossen wurde. An der Stelle, an der er erschossen wurde, wurde auf dem Bürgersteig ein Grab errichtet, und in der Nähe soll eine Kapelle gebaut werden. Die Pistole, mit der er erschossen wurde, befand sich in dem Etui mit der Kleidung. Wir sahen auch viele Flaggen, die die Griechen in vielen verschiedenen Kriegen erbeutet hatten, ein Schwert von Lord Byron sowie sein Porträt und seine Visitenkarte.

Nachdem wir hier losgefahren waren, nahmen wir die Kutsche und fuhren durch die Hauptstraßen, dann gingen wir zum Keremakos-Markt, wo es wunderbare Gräber gibt, die jeweils die Überreste von drei Menschen enthalten; die Knochen und die Stierstatue sind sichtbar. Dann gingen wir die ältesten Straßen entlang und zur alten Kirche Eglise de Capnicarea. Wir sahen den Tempel, die Bank, das Hauptpostamt und das Theater, tranken Tee in einem Café und fuhren mit dem Zug zurück zum Hafen und kamen rechtzeitig zum Abendessen auf dem Boot an. Eine weitere schöne Nacht; ich schlief an Deck. Ich vergaß zu erwähnen, dass wir am Mittwoch an einigen brennenden Felsen vorbeikamen; der leitende Offizier erzählte uns, dass sie von den Hirten mit Öl angezündet werden, um nachts über ihre Herden zu wachen.

Freitag, *22. Oktober 1915.*

Wir verließen Athen erst heute Morgen um 8.30 Uhr. Wir wurden viel länger aufgehalten, als wir erwartet hatten. Ein Flugzeug folgte unserem Boot ein Stück weit, aber es war ein griechisches, also hatten wir nichts zu befürchten. Um 15 Uhr herrschte ziemliche Aufregung; eine Nachricht wurde an das Schiff gesendet, dass wir auf die Insel Milos fahren müssten, um Befehle einzuholen; in der Gegend waren U-Boote gesichtet worden. Wir erreichten Milos und fanden fünf französische Schlachtschiffe, U-Boot-Zerstörer. Eines der Seeschiffe lag im Hafen, das vor zwei Wochen torpediert worden war. Die Insel ist sehr malerisch; die Häuser sind im türkischen Stil gebaut.

Wir blieben etwa zwei Stunden im Hafen. Wir wurden von einem U-Boot-Zerstörer eskortiert, außerdem war ein weiteres Schiff bei uns, also fühlten wir uns ziemlich sicher. Jeder Passagier erhielt schriftliche Mitteilungen mit Anweisungen, was zu tun sei, falls wir getroffen würden. Der Kapitän hatte von da an eine angespannte Reise und hielt die ganze Zeit Wache. Wir kamen immer wieder von unserem Kurs ab und der Zerstörer und unser Boot signalisierten sich ständig gegenseitig. Wir mussten über Kreta statt über Kap Matapan fahren. Der Wind hat zugenommen und es ist sehr rau; die meisten Leute sind krank. Wir hatten eine schlimme Nacht, anhaltende Gewitter und heftigen Regen. Das Boot rollt und stampft.

Samstag, *23. Oktober 1915.*

Es ist weiterhin sehr rau und man sieht nur wenige Passagiere. Nichts Aufregendes ist passiert, unsere beiden Begleiter sind immer noch vor uns.

Sonntag, *24. Oktober 1915.*

Heute Morgen hat ein großer Dampfer unserem Zerstörer ein Signal gegeben, sodass er uns für zwei oder drei Stunden verließ und dann zurückkehrte. In der Nacht wurde er gegen einen anderen ausgetauscht. Man sagte uns, dass sie auf dieser Route sehr vorsichtig sein müssten, da in einer Woche neun Boote torpediert wurden; natürlich waren wir alle mehr oder weniger besorgt und sahen in das kalte Wasser hinab. Ich fürchtete das Risiko sehr, das wir eingingen, da ich lieber erschossen oder beschossen werden würde, als zu ertrinken. Wir hörten, dass wir Malta am Abend erreichen würden, aber da wir so weit von unserem Kurs abweichen mussten, kamen wir erst am nächsten Morgen um 6 Uhr an. Es war eine angespannte Nacht; weder der Kapitän noch der Erste Offizier erschienen zum Abendessen; unzählige Männer hielten nach feindlichen U-Booten Ausschau; es scheint, dass sich gerade jetzt viele davon im Mittelmeer befinden, und uns wurde gesagt, dass dies derzeit die schlimmste Gefahrenzone sei. Die Deutschen haben hier ein besonders großes neues, das großen Schaden anrichtet. Die ganze Nacht war es sehr stürmisch, und das Boot musste die Geschwindigkeit drosseln, da wir Malta nicht vor 6 Uhr morgens betreten durften. Heute Morgen traf ich an Bord eine sehr interessante englische Dame aus Konstantinopel. Sie lebt seit vierzig Jahren dort. Ihr Mann ist Arzt. Sie hat drei Söhne – zwei Anwälte, der dritte ist Invalide. Er leidet unter Anfällen. Der Name des jüngsten Sohnes stand auf der Liste, die mit den englischen und französischen Gefangenen, die die Türken aus Konstantinopel schickten, nach Gallipoli geschickt werden sollte, in der Hoffnung, dass dies unsere Truppen davon abhalten würde, Gallipoli zu bombardieren. Diese arme Mutter war so verzweifelt und flehte die türkischen Beamten so sehr an, dass sie der Freilassung ihres Sohnes zustimmten. Dann bat sie erneut darum, dass ihr Mann das Land verlassen dürfe, und er reiste nach Malta ab. Dann erreichte sie die Freilassung ihres zarten Sohnes, und auch er schloss sich seinem Vater an, und jetzt ist sie selbst auf dem Weg, sich ihnen anzuschließen. Die anderen beiden Söhne durften nicht gehen; sie werden freundlich behandelt, sind aber so weit gekommen, Steine zu brechen. Sie tat mir sehr leid, aber ich bewunderte ihren Mut und ihre Fröhlichkeit in solch einer Notlage. Alle ihre Wertsachen aus ihrem schönen Zuhause schickte sie zur türkischen Bank, aber natürlich hat sie keine Hoffnung, sie je wiederzusehen; sie werden mit Sicherheit konfisziert. Fünfzig oder mehr unserer Männer wurden von Konstantinopel nach Gallipoli geschickt, damit sie im Falle einer Bombardierung als erste fallen würden; aber die Engländer und Franzosen drohten den Türken mit anderen Repressalien, und sie wurden abgezogen. Sie verließen das Schiff und verbrachten fünf Tage in einer Moschee, wo sie es schrecklich schwer hatten, obwohl die Beamten sehr freundlich zu ihnen waren und ihnen bei ihrer Rückkehr nach Konstantinopel ein gutes Abendessen gaben. Jeder hier spricht so gut von den Türken, und alle, die wir getroffen haben, scheinen es sehr zu bedauern, dass sie gegen die Engländer kämpfen, und sie sagten, es wäre ihr Untergang, sich den Deutschen anzuschließen, da ihre große Angst der Verlust von Konstantinopel sei. Drei kleine Vögel folgen unserem Boot und kommen oft an Bord; einer ist ein Rotkehlchen, aber die anderen beiden kennen wir nicht. Wir hatten mehrere Katzen an Bord und hatten große Angst um die Vögel. Außerdem verfolgten sie zwei Sperber.

Montag, 25. Oktober 1915.

Wir durften um 8 Uhr morgens auf Malta anlegen. Da wir nur drei Stunden an Land hatten, nahmen wir eine Kutsche, die nur 1 Fr. 80 pro Stunde kostete, und fuhren rundherum. Die Kutschen sind anders als unsere, so malerisch, und die maltesischen Frauen mit ihren merkwürdigen Kopfbedeckungen sind sehr faszinierend. Wir gingen zuerst in die Gärten, um uns die Blumen und Palmen anzusehen, die wunderschön aussahen, dann zur St.-Johannis-Kirche, wo gerade ein Gottesdienst stattfand, also blieben wir noch ein wenig. Wir sahen den Gouverneurspalast und dann die Knochenkapelle, die früher dem Krankenhaus angeschlossen war. Über 2.000 Schädel werden ausgestellt, und das verbleibende Skelett des Körpers ist höchst kunstvoll gestaltet, aber sehr grausig. Wir hatten keine Zeit, das Museum zu betreten, da wir vor der Rückkehr zum Boot noch ein wenig einkaufen mussten. Wir stachen um 11.30 Uhr in See, immer noch sehr rau, und wir konnten keinen geraden Kurs halten; unsere Eskorte war bei uns.

An Bord befanden sich drei verdächtige Personen und wir hörten, dass sie eingesperrt worden waren.

Dienstag, 26. Oktober 1915.

Es war immer noch sehr rau und die meisten Passagiere mussten aufgeben; diejenigen, die bleiben konnten, spielten Bridge.

Wir haben keine Butter zum Tee, nur Kekse und trockenes Brot. Das war für mich keine so große Belastung wie für einige der anderen Passagiere. Wir hatten in Serbien seit mehr als drei Monaten keine Butter mehr, da Butter dort 7 *Schilling* pro Pfund kostete und wir selbst zu diesem Preis nur so kleine Mengen bekommen konnten, dass es sich für unsere große Einheit nicht lohnte, sie zu kaufen.

Mittwoch, 27. Oktober 1915.

Wir hatten heute ein schlimmes Gewitter und die See ist immer noch sehr rau. Es ist nichts Wichtiges passiert.

Donnerstag, 28. Oktober 1915.

Wir kamen um 8 Uhr morgens in Marseille an, wofür wir alle wirklich dankbar waren, denn es ist kein großes Vergnügen, solchen Gefahren ausgesetzt zu sein wie wir.

Beim Zoll wurde unser Gepäck gründlich durchsucht, sogar die Seiten unserer Bibeln und anderer Bücher wurden umgedreht. Wir waren alle sehr amüsiert und fragten uns, ob wir als nächstes durchsucht werden würden. Ich glaube, das passierte einigen Frauen, aber niemandem aus unserer Gruppe.

Wir ließen unsere Pässe zeigen und besuchten auch die Polizeistation, um einen Pass nach Boulogne zu bekommen. Das nahm fast den ganzen Tag in Anspruch und wir blieben zwei Nächte in Marseille. Dort gibt es ein Indianerlager, da sie hierher kommen, um sich vor ihrem Einsatz an der Front zu klimatisieren. Es war interessant, sie in der Stadt zu sehen.

Samstag, 30. Oktober 1915.

Wir fuhren um 19 Uhr ab und stellten bei unserer Ankunft in Boulogne fest, dass die Zeiten geändert worden waren und unser Boot erst am nächsten Tag um 15 Uhr abfuhr.

- 87 -

Montag, *1. November 1915.*

Als wir den Kai erreichten, kam ein Lazarettzug vorbei. Man sagte uns, unser König sei darin und sein Boot sei kurz vor unserem abgefahren. Wir fühlten uns also ganz sicher – und bedauerten es überhaupt nicht, als wir wieder in England ankamen.